Mosaik bei
GOLDMANN

Buch

»Wie schlau bin ich?« Mit diesem Buch kann es jeder herausfinden. Wer seine Intelligenz selbst testen will, findet hier die Möglichkeit, Testsituationen und -aufgaben in Ruhe zu trainieren und mit einem seriösen IQ-Test seinen IQ zu Hause zu ermitteln. Die Einführung beantwortet alle Fragen rund um Intelligenz und IQ-Tests: Was ist Intelligenz? Welche Fähigkeiten werden gemessen und kann man den IQ durch Training verbessern? Welche Aufgaben enthält ein IQ-Test und wie wird ein solcher Test konstruiert? Der Trainingsteil enthält über 500 für IQ-Tests typische Übungsaufgaben aus den Bereichen Sprache, Logik, Rechnen, räumliches Denken und Merkfähigkeit – die ideale Vorbereitung für den anschließenden IQ-Test, der jedem die Möglichkeit bietet, seinen Intelligenzquotienten zu ermitteln.

Autor

Dr. Wolfgang Reichel ist Diplompsychologe und in der Eignungsdiagnostik, Personalauswahl und beruflichen Weiterbildung tätig. Er ist Autor zahlreicher Bücher zu den Themen Bewerbung, Personalauswahl und Einstellungstests. Für die RTL-Show »Der große IQ-Test« hat er den IQ-Test entwickelt. Dr. Reichel lebt mit seiner Familie im Ruhrgebiet.

www.dr-reichel.de

Von Dr. Wolfgang Reichel außerdem bei Mosaik bei Goldmann

Testtrainer Einstellungstests (16673)
Bewerbungsstrategien (16641)
Erfolgsfaktor schriftliche Bewerbung (16587)
Erfolgreiche Musterbewerbungen und Lebensläufe (16739)

Dr. Wolfgang Reichel

Testtrainer IQ-Tests

Mit Spaß trainieren
Erfolgreich testen

Mosaik bei
GOLDMANN

Bildnachweis:
PhotoDisc: S. 140 (oben), S. 141 (rechts),
S. 142 (oben rechts, Mitte links, unten links)

FSC
Mix
Produktgruppe aus vorbildlich bewirtschafteten Wäldern und anderen kontrollierten Herkünften

Verlagsgruppe Random House FSC-DEU-0100
Das FSC-zertifizierte Papier *Munken Print* für Taschenbücher aus dem Goldmann Verlag liefert Artic Paper Munkedals AB, Schweden.

2. Auflage
Originalausgabe Juni 2005

Umschlaggestaltung: Design Team München
Umschlagillustration: Tertia Ebert
Redaktion: Peter Issing
Satz: Uhl + Massopust, Aalen
Druck und Bindung: GGP Media GmbH, Pößneck
WR · Herstellung: Han
Printed in Germany
ISBN-10: 3-442-16700-0
ISBN-13: 978-3-442-16700-5
www.goldmann-verlag.de

Inhalt

Intelligenz und IQ

Was ist Intelligenz?

Intelligenz ist für viele Menschen mit das wichtigste Persönlichkeitsmerkmal, und ein hoher Intelligenzquotient gilt als entscheidend für beruflichen Erfolg. Eine hohe Intelligenz steht auch bei vielen Eltern ganz oben auf der Wunschliste für ihre Kinder.

Allerdings gehen die Meinungen darüber, was Intelligenz genau ist, teilweise weit auseinander. Wer in der Schule gute Noten hat, beruflich erfolgreich ist, schwierige Denkprobleme lösen kann oder ein umfangreiches Wissen hat, wird von den meisten Menschen als intelligent eingestuft. Andererseits gibt es eine Reihe von Fragen, die immer wieder gestellt werden: Ist Intelligenz der Schlüssel für Erfolg, Wohlstand und Glück? Kann man mit einem IQ-Test die Intelligenz überhaupt messen? Sind Männer intelligenter als Frauen oder umgekehrt? Ist Intelligenz angeboren, oder hängt sie von Erziehung und Umwelteinflüssen ab?

Bis heute fehlt eine allgemein anerkannte Definition von Intelligenz, und es gibt fast ebenso viele Theorien über die Intelligenz wie Forscher, die sich mit ihr befassen. Der Psychologe Wilhelm Stern, der auch den Begriff IQ prägte, definierte

Intelligenz als »allgemeine Fähigkeit eines Individuums, sein Denken bewusst auf neue Anforderungen einzustellen, sie ist allgemein geistige Anpassungsfähigkeit an neue Aufgaben und an neue Bedingungen des Lebens«. Für den amerikanischen Intelligenzforscher David Wechsler ist Intelligenz »die globale Befähigung eines Individuums, zweckvoll zu handeln, vernünftig zu denken und sich erfolgreich mit seiner Umwelt auseinander zu setzen«.

Wegen der vielen unterschiedlichen Meinungen und Diskussionen von Wissenschaftlern über Intelligenz und Intelligenzmessung wird oft folgende Aussage von Kritikern zitiert: »Intelligenz ist, was der jeweilige IQ-Test misst«.

Den meisten Definitionen ist gemeinsam, dass besonders folgende Fähigkeiten wesentlich für Intelligenz sind:

Beziehungen und Zusammenhänge zwischen Sachverhalten erfassen und Schlussfolgerungen ziehen.

Probleme durch Denken lösen und sich in neuen Situationen aufgrund von Einsichten zurechtfinden.

Einigkeit herrscht darüber, dass sich Intelligenz aus unterschiedlichen geistigen Fähigkeiten zusammensetzt, die teilweise relativ unabhängig voneinander sind. Ein IQ-Test besteht deshalb gewöhnlich aus verschiedenen Einzeltests, womit diese Fähigkeiten untersucht werden:

- Auffassungsgabe
- Sprachbeherrschung
- Analytisches Denken
- Logisches und folgerichtiges Denken
- Abstraktionsvermögen

- Merkfähigkeit
- Zahlenverständnis und Rechenfertigkeit
- Räumliches Vorstellungsvermögen
- Wahrnehmungstempo und -genauigkeit

Mit Intelligenztests kann man die Intelligenz nicht vollständig messen. Zu den Bereichen der Intelligenz, die in gängigen Tests gar nicht oder nur unzureichend erfasst werden, gehören beispielsweise Fähigkeiten, die sich im praktischen Handeln und Problemlösen im Alltag zeigen, außerdem die soziale Kompetenz, auch die Kreativität eines Menschen.

Jeder Intelligenztest spiegelt kulturelle Anforderungen wider. Es werden jeweils die Merkmale untersucht, die nach Meinung des Testautors wesentlich sind. Durch seine Aufgabenauswahl legt der Testautor fest, was er unter Intelligenz versteht, so dass jeder IQ-Test eine andere Art von Intelligenz misst. Wie gesagt: »Intelligenz ist, was der Intelligenztest misst.«

Normalerweise wird das Ergebnis des Tests in einen Normwert umgerechnet, der als Intelligenzquotient (IQ) bezeichnet wird. Dieser Wert gibt das relative Niveau der Intelligenz im Vergleich zu einer bestimmten Bezugsgruppe an. Aber Menschen mit gleichem IQ können sich in der Zusammensetzung ihrer geistigen Fähigkeiten und Begabungen stark unterscheiden. Deshalb ist das Ergebnis eines Intelligenztests erst dann aussagekräftig, wenn nicht nur ein IQ angegeben wird, sondern die Leistungen in den einzelnen Bereichen als Profil dargestellt werden, das Aufschluss über die Intelligenzstruktur gibt.

Der Intelligenzquotient (IQ)

Der erste brauchbare Intelligenztest wurde 1905 von dem französischen Psychologen Alfred Binet entwickelt, der im Auftrag des Erziehungsministeriums untersuchen sollte, wie man schwächer begabte Kinder an öffentlichen Schulen am besten unterrichten könnte. Wilhelm Stern prägte 1912 den Begriff Intelligenzquotient (IQ). Stern verwendete für jede Altersstufe Aufgaben, welche Personen der entsprechenden Altersgruppe im Allgemeinen lösen konnten. Im Test begannen die Testpersonen mit den Aufgaben der untersten Altersstufe und arbeiteten sich so lange hoch, bis sie die Aufgaben nicht mehr lösen konnten. Kam ein 15-Jähriger nur bis zu den Aufgaben der 12-Jährigen, war er für sein Alter unterdurchschnittlich intelligent, kam er bis zu denen der 18-Jährigen, war er überdurchschnittlich intelligent. Als Maßzahl für die Intelligenz bildete Stern den Intelligenzquotienten: Er teilte das den gelösten Aufgaben entsprechende Intelligenzalter (IA) durch das tatsächliche Lebensalter (LA) der Person und multiplizierte diese Zahl mit 100.

$$\textit{Intelligenzquotient (IQ)} = \frac{\textit{Intelligenzalter (IA)}}{\textit{Lebensalter (LA)}} \times 100$$

Stimmen also Intelligenzalter und Lebensalter genau überein, dann liegt der IQ genau bei 100. Diese Berechnung war, wie sich im Lauf der Zeit zeigte, nicht unproblematisch, weshalb man später dazu überging, den IQ als Abweichung einer Person vom Mittelwert ihrer Altersgruppe zu definieren. Der Mittelwert wurde auf 100 festgelegt und entspricht der Zahl der Testaufgaben, die in einem Test durchschnittlich von einer Personengruppe gelöst werden.

Die Verteilung der IQ-Werte in der Bevölkerung entspricht der so genannten Gauß'schen Normalverteilung (benannt nach dem Mathematiker C. F. Gauß). Danach haben etwa 68 Prozent der Bevölkerung einen durchschnittlichen IQ zwischen 85 und 115 Punkten, knapp 14 Prozent liegen über dem Durchschnitt mit einem IQ bis 130, und rund zwei Prozent der Bevölkerung sind hochintelligent mit einem IQ von über 130. Fast 16 Prozent haben einen IQ von weniger als 85.

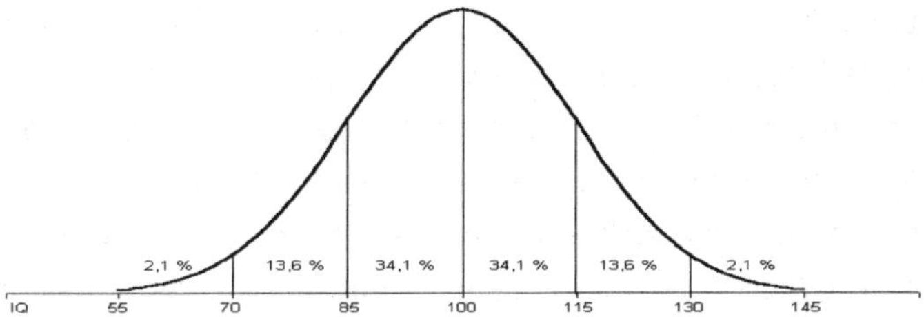

Gauß'sche Kurve: So sind die Intelligenzquotienten in der Bevölkerung verteilt.

Gütekriterien eines IQ-Tests

Ein Intelligenztest kann nur dann brauchbare Informationen liefern und als wissenschaftlich abgesichert gelten, wenn überprüft wird, ob die Gütekriterien *Objektivität*, *Reliabilität* und *Validität* erfüllt werden.

Objektivität bedeutet, dass die Testergebnisse völlig unabhängig vom Untersucher sind. Egal, wer eine Person testet, Durchführung, Auswertung und Interpretation des Tests müssen immer gleich sein.

Unter *Reliabilität* oder *Zuverlässigkeit* versteht man den Grad der Genauigkeit, mit der ein Test ein bestimmtes Merkmal misst. Solche Messungen sind dann zuverlässig, wenn es bei wiederholten Tests immer zu ähnlichen Ergebnissen kommt.

Mit *Validität* wird die inhaltliche Genauigkeit bezeichnet, mit der ein Test ein Merkmal misst. Ein Test ist dann valide, wenn er genau misst, was er messen soll, und nicht etwa andere Merkmale. Bei einem IQ-Test hängt die Validität natürlich stark von der zugrunde liegenden Definition von Intelligenz ab, und die unterscheidet sich ja teilweise.

Normierung eines IQ-Tests

Damit man das Testergebnis einer Person beurteilen und mit den Ergebnissen anderer Personen vergleichen kann, braucht man einen verbindlichen Maßstab, so genannte Normen. Dazu wird ein IQ-Test vor seinem Einsatz an einer repräsentativen Gruppe der Bevölkerung geeicht. Die dabei gewonnen Werte bilden dann den Maßstab, um ein Testergebnis als schlecht, mittel oder gut einstufen zu können. Die Gruppe muss hinsichtlich Geschlecht, Alter und Ausbildung genauso zusammengesetzt sein wie die spätere Zielgruppe, also die Gesamtbevölkerung, und wenigstens 1000 Personen umfassen. Erst durch die Normierung kann man anhand der richtigen Lösungen den IQ ermitteln, so dass Vergleiche zwischen unterschiedlichen Personengruppen möglich sind.

Bei der Auswertung von IQ-Tests spielt das Alter eine wichtige Rolle. Während in jungen Jahren die Intelligenzleistungen stark ansteigen und die meisten Menschen zwischen

Mitte zwanzig und dreißig ihren geistigen Höhepunkt erreichen, nimmt die Intelligenzleistung mit steigendem Alter allmählich wieder ab. Daher schneiden ältere Personen bei einem IQ-Test durchschnittlich schlechter ab als jüngere. Gründe sind beispielsweise ein langsameres Bearbeitungstempo, schlechtere Konzentrationsfähigkeit und nachlassende Gedächtnisleistungen, aber auch eine andere Schulausbildung der Älteren. Die Aufgaben in IQ-Tests sind auch an den jeweiligen Schulinhalten orientiert, und dadurch sind jüngere Personen im Vorteil. Bei der Umwandlung der Testrohwerte in IQ-Werte findet dann ein Ausgleich statt. Daher erreicht beispielsweise ein 60-jähriger Mensch mit einer geringeren Zahl richtiger Lösungen einen höheren IQ als ein 20-jähriger.

Bei der Beurteilung von IQ-Werten ist zu berücksichtigen, dass die verwendeten IQ-Skalen teilweise unterschiedlich sind. So lassen sich oft amerikanische und europäische IQ-Werte nicht vergleichen. Die meisten europäischen IQ-Tests bieten Tabellen an, damit man die erreichte Punktzahl in die allgemein gebräuchliche IQ-Skala mit einem Mittelwert von 100 und einer Standardabweichung von 15 umrechnen kann. Amerikanische Tests verwenden teilweise vollkommen andere Skalen, die auch so abenteuerliche IQ-Werte wie über 200 ermöglichen. Ein IQ-Wert sagt also nichts aus, wenn man nicht weiß, nach welcher Skala er gemessen wurde. Eine Temperatur von 20 Grad ist ja auch etwas vollkommen anderes, je nachdem ob es sich um eine Angabe in Celsius oder Fahrenheit handelt.

Wodurch wird das Testergebnis beeinflusst?

Ein psychologisches Merkmal wie den IQ kann man nicht so genau messen wie beispielsweise die Körpergröße. Unterschiedliche Störfaktoren beeinflussen das Ergebnis und können für Fehler sorgen. Dazu gehören zum Beispiel die Tagesform einer Person, die gesundheitliche Verfassung, Müdigkeit, die jeweilige Konzentration und Motivation oder äußere Störfaktoren. Beim Vergleich von Testleistungen muss man deshalb berücksichtigen, dass gewisse Differenzen durch Messfehler verursacht werden können. Personen mit relativ nah zusammenliegenden Werten müssen sich deshalb nicht tatsächlich unterscheiden.

Übung macht den Meister

Auch für einen Intelligenztest kann man sich vorbereiten und durch Übung seine Leistungen verbessern. Im Trainingsteil des Buches werden Sie mit häufig eingesetzten Aufgabentypen aus Intelligenztests vertraut gemacht. Durch das Bearbeiten dieser Aufgaben können Sie Lösungsmöglichkeiten kennen lernen und günstige Bearbeitungstechniken entwickeln und einüben. Sie werden feststellen, dass bestimmte Grundmuster bei den verschiedenen Tests oft wiederkehren. Je mehr Übungsaufgaben Sie lösen, umso mehr Routine gewinnen Sie, um geeignete Lösungswege zu finden. Die Übungserfahrungen werden sich besonders bei unbekannten Aufgabentypen auszahlen. In Intelligenztests kommen nämlich einige Aufgaben vor, die sich von den Aufgaben unterscheiden, mit denen man es gewöhnlich in der Schule zu tun hat.

Bei den einzelnen Tests sind die Bearbeitungszeiten angegeben, damit Sie sich an das Arbeiten unter Zeitdruck gewöhnen. Normalerweise sind in Intelligenztests die Zeitvorgaben so knapp, dass man in der verfügbaren Zeit nicht alle Aufgaben schaffen kann. Es ist deshalb nicht schlimm, wenn Sie nach Ablauf der Zeit mit einem Test noch nicht ganz fertig sind.

Noch ein paar Tipps für die Bearbeitung von Testaufgaben in einem IQ-Test:

- Sorgen Sie dafür, dass Sie ungestört und entspannt arbeiten können.
- Den meisten Tests wird ein Beispiel vorangestellt. Sehen Sie sich das Beispiel gut an, und machen Sie sich klar, worauf es bei diesem Test ankommt.
- Arbeiten Sie zügig, aber trotzdem mit Sorgfalt, damit Sie keine Flüchtigkeitsfehler machen.
- Lösen Sie die Aufgaben in der vorgegebenen Reihenfolge, denn bei vielen Tests steigt der Schwierigkeitsgrad der Aufgaben an.
- Bleiben Sie ruhig, auch wenn Sie merken, dass Sie nicht alle Aufgaben schaffen. In den meisten Fällen ist die Zeit so knapp bemessen, dass man nicht alle Aufgaben schaffen kann.
- Beißen Sie sich nicht an schwierigen Aufgaben fest. Gehen Sie lieber zur nächsten Aufgabe weiter. Mit den unerledigten Aufgaben können Sie sich befassen, wenn Sie am Ende noch Zeit haben.

- Wenn Sie bei Auswahlaufgaben (Multiple-Choice-Aufgaben) die richtige Lösung nicht wissen, empfiehlt es sich, nach der Ausschlussmethode vorzugehen: Schließen Sie die Antworten aus, die auf keinen Fall in Frage kommen, und markieren Sie die Lösung, die Ihnen am wahrscheinlichsten erscheint.

Wenn Ihr Testergebnis ungünstig ausfällt

Wenn Sie bei der Auswertung der Tests feststellen, dass Ihre Leistungen schlechter ausgefallen sind als erwartet, sollten Sie das nicht überbewerten und sich nicht entmutigen lassen. Es kann sich einfach um einen Ausrutscher handeln, und Sie sollten sich fragen, ob es dafür plausible Erklärungen gibt, beispielsweise eine beeinträchtigte Gesundheit, mangelnde Konzentration, Müdigkeit oder irgendwelche Störungen.

Zudem werden Sie bei einem Intelligenztest mit einer Reihe neuer Aufgabenstellungen konfrontiert, mit denen Sie in der Schule oder im Berufsalltag nichts zu tun hatten. Haben Sie sich erst einmal an den Umgang mit diesen Aufgaben gewöhnt, wird auch das Testergebnis besser ausfallen.

Und wenn Sie trotz Trainings weiter ungünstige Testergebnisse erhalten und mit verschiedenen Aufgaben nicht klarkommen, sollten Sie ebenfalls nicht verzweifeln. Vielleicht liegen Ihre Stärken einfach in einem anderen Bereich der Intelligenz, der durch die gängigen IQ-Tests nicht erfasst wird, wie beispielsweise im kreativen oder künstlerischen Bereich oder im Umgang mit anderen Menschen.

Testtraining

Auf den folgenden Seiten werden Sie die am häufigsten in IQ-Tests eingesetzten Testaufgaben kennen lernen. Durch Bearbeiten der Aufgaben können Sie Ihre grauen Zellen trainieren und für den Ernstfall fit machen. Dabei werden die Bereiche sprachliche Intelligenz, logisches Denken, Rechnen, räumliches Vorstellungsvermögen, technisches Verständnis, Wahrnehmung und Merkfähigkeit getestet.

Sorgen Sie dafür, dass Sie ungestört und entspannt arbeiten können, und legen Sie sich eine Uhr zurecht, damit Sie die Zeit messen können.

Nach der Bearbeitung der Aufgaben können Sie Ihre Ergebnisse mit den Lösungen im Anschluss (Seite 149 bis 161) vergleichen. Als grobe Orientierung für die Einstufung Ihrer Leistungen bei den einzelnen Übungstests gilt: Durchschnittliche Leistungen erreichen Sie, wenn wenigstens 40 Prozent der Aufgaben richtig sind, über dem Durchschnitt liegen Sie bei wenigstens 70 Prozent richtiger Lösungen, bei älteren Leuten über 60 Jahre reichen dafür schon gut 60 Prozent aus.

Im letzten Teil des Buches haben Sie die Möglichkeit, einen seriösen IQ-Test mit 100 Aufgaben zu machen und Ihren IQ annähernd genau zu ermitteln. Viel Spaß und Erfolg bei der Lösung der Trainingsaufgaben und beim IQ-Test!

Sprachliche Intelligenz

Bei den folgenden Tests steht die Sprachbeherrschung im Vordergrund. Dabei werden sprachliche Fähigkeiten wie Wortverständnis, Wortschatz und Sprachgewandtheit, aber auch das Urteilsvermögen überprüft.

Welches Wort passt nicht?

Von vier vorgegebenen Wörtern sind drei einander ähnlich, eins passt nicht zu den anderen. Dieses Wort sollen Sie herausfinden.

Beispiel:

a) laufen **b)** springen
c) hüpfen **d)** sitzen

Lösung: d. Bei a, b, c ist man in Bewegung, bei d in Ruhe.

Test A

Für die folgenden Aufgaben haben Sie fünf Minuten Zeit.

❶ **a)** verfolgen **b)** jagen
c) hetzen **d)** ergreifen

❷ **a)** Löwe **b)** Wolf
c) Schwein **d)** Bär

❸ **a)** blass **b)** müde
c) fahl **d)** bleich

❹ a) Maurer b) Schreiner
c) Verkäufer d) Fliesenleger

❺ a) klein b) winzig
c) zierlich d) empfindlich

❻ a) Kühlschrank b) Bett
c) Schrank d) Tisch

❼ a) wegbringen b) abholen
c) ausgießen d) wegwerfen

❽ a) Gitarre b) Violine
c) Cello d) Trompete

❾ a) unendlich b) ewig
c) unbegrenzt d) unermüdlich

❿ a) kleben b) schneiden
c) verbinden d) schweißen

⓫ a) bald b) jetzt
c) sofort d) nun

⓬ a) weinen b) wimmern
c) beklagen d) heulen

⓭ a) zutreffend b) rechtlich
c) wirklich d) wahr

➜

⓮ a) ungeheuer b) beträchtlich
c) enorm d) zeitlos

⓯ a) dickköpfig b) widersinnig
c) trotzig d) starrsinnig

⓰ a) nutzlos b) unbrauchbar
c) hoffnungslos d) ungeeignet

⓱ a) verzeihen b) entschuldigen
c) genehmigen d) freisprechen

⓲ a) abwenden b) verhindern
c) wegschicken d) abwehren

⓳ a) ausleihen b) verwenden
c) pumpen d) borgen

⓴ a) mutig b) geizig
c) ängstlich d) vorsichtig

Lösungen auf Seite 149

Test B

Für die folgenden Aufgaben haben Sie fünf Minuten Zeit.

❶ a) Spülmaschine b) Kühlschrank
c) Waschbecken d) Fernseher

❷ a) Irrtum b) Fälschung
c) Missverständnis d) Versehen

❸ a) rar b) merkwürdig
c) sonderbar d) fremdartig

❹ a) hochmütig b) übermütig
c) aufgeblasen d) eitel

❺ a) herstellen b) anfertigen
c) machen d) vollenden

❻ a) treu b) anhänglich
c) verlässlich d) folgsam

❼ a) beachten b) befolgen
c) aufpassen d) einhalten

❽ a) Kämpfer b) Streiter
c) Krieger d) Sieger

❾ a) ungeschickt b) unpassend
c) unbeholfen d) tollpatschig

❿ a) genug b) voll
c) ganz d) zusammen

⓫ a) verstehen b) begreifen
c) erkennen d) wahrnehmen

➜

⓬ a) ungehorsam b) frech
c) ungeschickt d) unartig

⓭ a) kühl b) frisch
c) frostig d) kalt

⓮ a) behindern b) verwehren
c) abhalten d) belagern

⓯ a) widersetzen b) auflehnen
c) widerrufen d) entrüsten

⓰ a) gewaltig b) roh
c) grob d) brutal

⓱ a) trotzig b) stur
c) eigensinnig d) unartig

⓲ a) erwerben b) anschaffen
c) kaufen d) zahlen

⓳ a) schuften b) arbeiten
c) schwitzen d) malochen

⓴ a) Grad b) Temperatur
c) Länge d) Gewicht

Lösungen auf Seite 149

Gleiche Wortbedeutung

Finden Sie das Wort heraus, das die gleiche oder eine ähnliche Bedeutung hat wie das vorgegebene.

Beispiel:

Analyse

a) Erklärung b) Untersuchung
c) Beschreibung d) Prüfung

Lösung: b

Test A

Für die folgenden Aufgaben haben Sie sechs Minuten Zeit.

❶ **primitiv**

a) einfach b) grob
c) brutal d) einfältig

❷ **unbeträchtlich**

a) nebensächlich b) schwächlich
c) knapp d) unbedeutend

❸ **eindeutig**

a) treffend b) unmissverständlich
c) richtig d) einstimmig

❹ **Eignung**

a) Besitz b) Befähigung
c) Eigenschaft d) Wissen

➜

5 überwinden

a) gewinnen
b) erobern
c) bekämpfen
d) besiegen

6 logisch

a) einleuchtend
b) klar
c) folgerichtig
d) wahr

7 Mühsal

a) Anregung
b) Aufregung
c) Anstrengung
d) Müßiggang

8 mannigfaltig

a) vielfältig
b) oft
c) meistens
d) verschieden

9 Obhut

a) Vorsorge
b) Fürsorge
c) Fürsprache
d) Verhütung

10 behutsam

a) gewissenhaft
b) ängstlich
c) gründlich
d) vorsichtig

11 reduzieren

a) einsparen
b) verteilen
c) verringern
d) berechnen

12 rar

a) selten b) nie
c) wenig d) nichts

13 ausgiebig

a) reichlich b) genug
c) übermäßig d) übertrieben

14 Expansion

a) Forschungsreise b) Ausfuhr
c) Ausdehnung d) Ausflug

15 trist

a) trüb b) langweilig
c) schal d) eintönig

16 individuell

a) persönlich b) einzigartig
c) eigentümlich d) vereinzelt

17 absurd

a) falsch b) ungeschickt
c) widersinnig d) unpassend

18 kontinuierlich

a) fortdauernd b) verbunden
c) stabil d) unverändert

➜

⑲ provisorisch

a) behelfsmäßig b) minderwertig
c) einfach d) schlecht

⑳ ausgefuchst

a) diplomatisch b) klug
c) hinterhältig d) gerissen

Lösungen auf Seite 150

Test B

Für die folgenden Aufgaben haben Sie sechs Minuten Zeit.

❶ neutral

a) friedliebend b) gleichgültig
c) parteilos d) uninteressiert

❷ gängeln

a) bevormunden b) ermahnen
c) erziehen d) betreuen

❸ enthusiastisch

a) glücklich b) froh
c) erregt d) begeistert

❹ abwägen

a) nachdenken b) besinnen
c) prüfen d) überlegen

5 Vorwand

a) Notlüge b) Scheingrund
c) Vorbehalt d) Ausrede

6 unterweisen

a) beraten b) aufklären
c) unterrichten d) ermahnen

7 taktvoll

a) vorsichtig b) höflich
c) hilfsbereit d) verständnisvoll

8 Konflikt

a) Problem b) Widerstreit
c) Zwangslage d) Trennung

9 untersagen

a) ablehnen b) versagen
c) verbitten d) verbieten

10 Gleichmut

a) Heiterkeit b) Toleranz
c) Gelassenheit d) Nachlässigkeit

11 echt

a) kostbar b) ehrlich
c) rein d) unverfälscht

➜

⓬ betrübt

a) elend b) jämmerlich
c) bedrückt d) untröstlich

⓭ Eingabe

a) Anliegen b) Gesuch
c) Meldung d) Bitte

⓮ unzulänglich

a) unzweckmäßig b) dürftig
c) unbedeutend d) unzureichend

⓯ Widerwille

a) Abneigung b) Ablehnung
c) Hass d) Feindschaft

⓰ unerlässlich

a) wichtig b) zwingend
c) bedeutend d) uneingeschränkt

⓱ willfährig

a) gefügig b) nachgiebig
c) gutwillig d) bereitwillig

⓲ vereiteln

a) verraten b) verweigern
c) verhindern d) verleugnen

⓳ **unablässig**

a) fortwährend b) wiederholt

c) eindringlich d) ausdauernd

⓴ **unversehens**

a) hastig b) plötzlich

c) unverzüglich d) schnell

Lösungen auf Seite 150

Buchstabensalat

Bei dieser Aufgabe sind die Buchstaben durcheinander geraten. Bringen Sie die Buchstaben in die richtige Reihenfolge, so dass sie ein sinnvolles Wort bilden. Es handelt sich um Hauptwörter in der Einzahl. Schreiben Sie den Anfangsbuchstaben des Wortes hinter die Buchstabengruppe.

Beispiel:

IFLEH ___H___

Lösung: Der Anfangsbuchstabe ist »H«, weil damit das Wort HILFE beginnt.

Für jeden Test haben Sie sechs Minuten Zeit.

Test A

❶ LELFA	________	㉑ NONTE	________
❷ ATTDS	________	㉒ EUNGL	________
❸ NEKTA	________	㉓ ZEKTA	________
❹ COHWE	________	㉔ EHICT	________ ➜

5	RELPE	________	25	AWNEN	________
6	HEECI	________	26	STURD	________
7	EUBEL	________	27	BREEE	________
8	BEILE	________	28	KAREC	________
9	SESGA	________	29	NHTAC	________
10	AUBHE	________	30	KOPFN	________
11	EUPAS	________	31	ZEIHT	________
12	MIRAF	________	32	TEBEU	________
13	EGLOV	________	33	KUNTP	________
14	KERIB	________	34	TEATM	________
15	TENIS	________	35	RALTE	________
16	RIFGF	________	36	NIERN	________
17	RENBI	________	37	NATTE	________
18	EFIES	________	38	EISTE	________
19	ETFAU	________	39	BAUTE	________
20	THULS	________	40	PELSI	________

Lösungen auf Seite 150

Test B

1	ATBTL	________	21	JENUG	________
2	WERZG	________	22	RMUST	________
3	LAFEP	________	23	HACTM	________
4	REMIE	________	24	RIPES	________
5	TRUSB	________	25	FEITE	________
6	KAETI	________	26	RAVTE	________
7	HECUB	________	27	FRKTA	________
8	NONES	________	28	BRXEO	________
9	PDERF	________	29	NIELI	________
10	NANET	________	30	TLASH	________

⓫	FIREB	________	㉛	SHUCF	________
⓬	FELIP	________	㉜	TEKET	________
⓭	SASET	________	㉝	NEGAZ	________
⓮	NOGBE	________	㉞	HALFP	________
⓯	REFUB	________	㉟	LEZIE	________
⓰	FALET	________	㊱	STUPE	________
⓱	SFITT	________	㊲	STEKI	________
⓲	MELUB	________	㊳	NOTOK	________
⓳	HOCAT	________	㊴	MERAL	________
⓴	SIERE	________	㊵	DINER	________

Lösungen auf Seite 151

Wörter ergänzen

Zwei Wörter sind vorgegeben. Fügen Sie in die Klammer ein Wort ein, welches das erste Wort sinnvoll ergänzt und mit dem das zweite Wort anfängt. Vereinzelt sind zwei Lösungen möglich.

Beispiel:
KINDER (________) RAD
Lösung: WAGEN. Das erste Wort heißt KINDERWAGEN, das zweite WAGENRAD.

Für die folgenden Aufgaben haben Sie fünf Minuten Zeit.

❶	BRETT	(________________)	BALL
❷	TASCHEN	(________________)	MACHER
❸	BACKEN	(________________)	RAD

➜

❹ FERIEN	(_______________)	BEWOHNER
❺ WEIN	(_______________)	TÜR
❻ KINDER	(_______________)	TOR
❼ BADE	(_______________)	HOF
❽ FERIEN	(_______________)	MEISTER
❾ KÜHL	(_______________)	TÜR
❿ REGEN	(_______________)	TRAUM
⓫ MAURER	(_______________)	KOCH
⓬ SCHNELL	(_______________)	BRÜCKE
⓭ WOHN	(_______________)	MÄDCHEN
⓮ RENN	(_______________)	BAHN
⓯ DOPPEL	(_______________)	DECKE
⓰ BANK	(_______________)	VOGEL
⓱ KOCH	(_______________)	LAPPEN
⓲ KÜHL	(_______________)	SPORT
⓳ SPEISE	(_______________)	BÄR
⓴ SCHLAG	(_______________)	HAUS
㉑ APFEL	(_______________)	KRONE
㉒ MÄRCHEN	(_______________)	SEITE
㉓ WIRBEL	(_______________)	SCHADEN
㉔ SCHNEE	(_______________)	SCHIRM
㉕ SATTEL	(_______________)	FENSTER

Lösungen auf Seite 151

Buchstaben einfügen

Diese Aufgabe ist ähnlich wie die vorige. Zwei Wörter sind vorgegeben. Setzen Sie dazwischen einen Buchstaben ein, mit dem das erste Wort endet und das zweite anfängt, so dass neue Wörter entstehen.

Beispiel:

LAU _____ ROST

Lösung: F. das erste Wort heißt LAUF, das zweite FROST.

Für die folgenden Aufgaben haben Sie fünf Minuten Zeit.

❶	BAU	_____	EISEN
❷	STUR	_____	EILE
❸	LAU	_____	TURM
❹	LADE	_____	ADEL
❺	MAI	_____	EIN
❻	SCHAU	_____	ACHT
❼	STAR	_____	ORTE
❽	SCHAL	_____	OMA
❾	GEL	_____	ARM
❿	KONTO	_____	AST
⓫	SIE	_____	LAUBE
⓬	BUCHE	_____	ACHT
⓭	STUR	_____	ESSEN
⓮	LIST	_____	MAIL
⓯	NAH	_____	ROST
⓰	ACH	_____	ANNE
⓱	GABE	_____	AST

➜

⓲ DIE	______	LAU
⓳ ZU	______	RIFF
⓴ RINDE	______	OSTEN
㉑ KUR	______	ECKE
㉒ WIR	______	ANKER
㉓ ZU	______	AST
㉔ ROLLE	______	EIS
㉕ LAU	______	EULE

Lösungen auf Seite 152

Ähnliche Sprichwörter

Finden Sie zu dem vorgegebenen Sprichwort ein zweites, das eine ähnliche Bedeutung hat.

Beispiel:

Alte Zweige lassen sich nicht biegen.

a) Altes Holz gibt gutes Feuer.
b) Was Hänschen nicht lernt, lernt Hans nimmermehr.
c) Wer ernten will, muss säen.
d) Nicht für die Schule, sondern für das Leben lernt man.

Lösung: b

Für die folgenden Aufgaben haben Sie neun Minuten Zeit.

❶ **Frisch gewagt, ist halb gewonnen.**

a) Aller Anfang ist schwer.
b) Morgenstund hat Gold im Mund.
c) Viel gewinnt, wer frisch beginnt.
d) Von nichts kommt nichts.

❷ Erst die Arbeit, dann das Spiel.

a) Müßiggang ist aller Laster Anfang.

b) Wie die Arbeit, so der Lohn.

c) Aufgeschoben ist nicht aufgehoben.

d) Was du heute kannst besorgen, das verschiebe nicht auf morgen.

❸ Ein Helm macht noch keinen Krieger.

a) Wer oft schießt, trifft endlich.

b) Eine Schwalbe macht noch keinen Sommer.

c) Die Sonne bringt es ans Licht.

d) Der Schein trügt.

❹ Wie man sich bettet, so liegt man.

a) Wer sein Bett verkauft, muss auf Stroh liegen.

b) Wie man arbeitet, so isst man.

c) Jeder ist seines Glückes Schmied.

d) Den Seinen gibt's der Herr im Schlaf.

❺ Hochmut kommt vor dem Fall.

a) Hochmut und Stolz wachsen auf einem Holz.

b) Alter schützt vor Torheit nicht.

c) Hochmut tut nimmer gut.

d) Glück und Glas, wie leicht bricht das.

❻ Der Letzte hat das Nachsehen.

a) Die Ersten werden die Letzten sein.

b) Lieber spät als gar nicht.

c) Wer zuletzt lacht, lacht am besten.

d) Der Letzte zahlt die Zeche. ➜

⑦ In der Not frisst der Teufel Fliegen.

a) Not macht erfinderisch.
b) In der Not schmeckt jedes Brot.
c) Der Appetit kommt beim Essen.
d) Spare in der Zeit, so hast du in der Not.

⑧ Ein Spatz in der Hand ist besser als eine Taube auf dem Dach.

a) Man muss die Gelegenheit beim Schopf packen.
b) Was nicht ist, kann noch werden.
c) Besser ein kleiner Fisch als gar nichts auf dem Tisch.
d) Besser arm in Ehren als reich in Schanden.

⑨ Des einen Unglück ist des anderen Glück.

a) Der eine weint, der andere lacht.
b) Wer hat, der hat.
c) Des einen Not ist des anderen Brot.
d) Schönheit vergeht, Tugend besteht.

⑩ Langsam kommt auch weit.

a) Schritt vor Schritt kommt auch zum Ziel.
b) Kommt Zeit, kommt Rat.
c) Rom ist auch nicht an einem Tag erbaut worden.
d) Blinder Eifer schadet nur.

⑪ Man muss die Gelegenheit beim Schopf packen.

a) Wer zuerst kommt, mahlt zuerst.
b) Jedes Ding zu seiner Zeit.
c) Das Glück ist mit den Dummen.
d) Man muss das Eisen schmieden, solange es heiß ist.

⓬ Ein fauler Apfel steckt hundert gesunde an.

a) Ein Unglück kommt selten allein.
b) Ein faules Ei verdirbt den Brei.
c) Besser eine Laus im Kraut als gar kein Fleisch.
d) Hunger ist der beste Koch.

⓭ Man kann nicht auf zwei Hochzeiten tanzen.

a) Wer die Wahl hat, hat die Qual.
b) Wer auf zwei Hasen zielt, trifft keinen.
c) Wer eine Gelegenheit hat, soll auf die andere nicht warten.
d) Doppelt genäht hält besser.

⓮ Wer den Pfennig nicht ehrt, ist des Talers nicht wert.

a) Was nicht ist, kann noch werden.
b) Mit Kleinem fängt man an, mit Großem hört man auf.
c) Viele Bächlein machen einen Strom.
d) Wer das Kleine nicht ehrt, ist das Große nicht wert.

⓯ Jung gewohnt ist alt getan.

a) Wie die Alten sungen, so zwitschern auch die Jungen.
b) Ein alter Esel lernt nicht um.
c) Wie die Arbeit, so der Lohn.
d) Lieber zu früh als zu spät.

⓰ Der Stärkere hat immer Recht.

a) Unrecht gedeiht nicht.
b) Kein Mensch ist ohne Aber.
c) Gewalt geht vor Recht.
d) Lieber Unrecht erleiden als Unrecht tun. ➜

⑰ Man soll die Beute nicht vor dem Sieg teilen.

a) Zuerst überlege, dann handle.
b) Erst der Schweiß, dann der Preis.
c) Wie gewonnen, so zerronnen.
d) Schaff dir keine Wiege an, bevor das Kind nicht auf der Welt ist.

⑱ Aus Schaden wird man klug.

a) Wer nicht hören will, muss fühlen.
b) Das Ei will klüger sein als die Henne.
c) Der Klügere gibt nach.
d) Man soll den Teufel nicht an die Wand malen.

⑲ Es ist nicht alles Gold, was glänzt.

a) Es meint mancher, er sei ein Adler, und ist doch nur ein Pfau.
b) Irren ist menschlich.
c) Hinterher ist man immer klüger.
d) Die Kutte macht nicht den Mönch.

⑳ Übung macht den Meister.

a) Mit Kleinem fängt man an, mit Großem hört man auf.
b) Wo ein Wille ist, da ist auch ein Weg.
c) Früh übt sich, was ein Meister werden will.
d) Ohne Fleiß kein Preis.

Lösungen auf Seite 152

Gemeinsamkeiten

Sechs Wörter werden vorgegeben. Wählen Sie die zwei Wörter aus, für die es einen gemeinsamen Oberbegriff gibt.

Beispiel:

a) Handball	b) Turnen	c) Weitsprung
d) Fußball	e) Boxen	f) Rudern

Lösung: a d

Handball und Fußball haben den gemeinsamen Oberbegriff »Ballsport«.

Für die folgenden Aufgaben haben Sie fünf Minuten Zeit.

❶	a) Bauch	b) Fuß	c) Ohr
	d) Hand	e) Herz	f) Haar
❷	a) Regen	b) Wolke	c) Herbst
	d) Sonne	e) Schneemann	f) Winter
❸	a) Wald	b) Kiefer	c) Baum
	d) Strauch	e) Tanne	f) Laub
❹	a) Bussard	b) Wolf	c) Hase
	d) Adler	e) Ziege	f) Schlange
❺	a) Alpen	b) Schweiz	c) Wien
	d) Rhein	e) Frankreich	f) Europa
❻	a) Kühlschrank	b) Sofa	c) Spülmaschine
	d) Kommode	e) Schrank	f) Tisch
❼	a) genießen	b) essen	c) schmecken
	d) trinken	e) probieren	f) fühlen
❽	a) Englisch	b) Geschichte	c) Psychologie
	d) Kunst	e) Deutsch	f) Biologie

➜

9	a) schwer	b) kalt	c) fest
	d) rund	e) flüssig	f) biegsam
10	a) Kaffee	b) Glas	c) Rechnung
	d) Restaurant	e) Tee	f) Zucker
11	a) jetzt	b) oft	c) sofort
	d) viele	e) morgen	f) nichts
12	a) Glas	b) Lupe	c) Linse
	d) Film	e) Foto	f) Brille
13	a) Länge	b) Waage	c) Tonne
	d) Gewicht	e) Zollstock	f) Zentner
14	a) sägen	b) bohren	c) schleifen
	d) schrauben	e) reparieren	f) schneiden
15	a) Pfeffer	b) Kandis	c) Mehl
	d) Curry	e) Öl	f) Tee
16	a) silber	b) rot	c) grau
	d) weiß	e) grün	f) braun
17	a) Limonade	b) Wein	c) Milch
	d) Tasse	e) Flasche	f) Becher
18	a) Gold	b) Bürste	c) Armband
	d) Brille	e) Halskette	f) Spiegel
19	a) Computer	b) Diskette	c) Monitor
	d) Tastatur	e) Festplatte	f) Prozessor
20	a) Telefon	b) Hörer	c) Mikrofon
	d) Leitung	e) Gespräch	f) Lautsprecher

Lösungen auf Seite 152

Logisches Denken

Bei den folgenden Tests geht es um logisches Denken und Kombinieren, also um Fähigkeiten, die in hohem Maß die Intelligenz ausmachen. Hier müssen Sie Beziehungen und Zusammenhänge erkennen, Regeln ableiten und logische Schlussfolgerungen ziehen.

Analogien

Drei Wörter werden vorgegeben. Gesucht wird ein Wort, das zum dritten Wort in einer ähnlichen Beziehung steht, wie das zweite zum ersten.

Beispiel:

Gesundheit : Krankheit = Tag : ?

a) Sonne **b)** Mittag

c) Licht **d)** Nacht

Lösung: d

Test A

Für die folgenden Aufgaben haben Sie sieben Minuten Zeit.

❶ **Mädchen: Frau = Junge : ?**

a) Bruder **b)** Herr

c) Vater **d)** Mann

❷ **Bett : schlafen = Teller : ?**

a) Gabel **b)** essen

c) Speise **d)** Tisch

➜

❸ **Birke : Baum = Rose : ?**

a) Tulpe b) Pflanze
c) Blume d) Strauß

❹ **gehen : rennen = fahren : ?**

a) Auto b) Straße
c) rasen d) bremsen

❺ **schlafen : wachen = vergessen : ?**

a) verschweigen b) überlegen
c) nachdenken d) behalten

❻ **Linde : Eiche = Dackel : ?**

a) Hund b) bellen
c) Pudel d) Buche

❼ **gehen : Krücke = sehen : ?**

a) Licht b) Sicht
c) Blende d) Brille

❽ **Währung : Euro = Gewicht : ?**

a) Liter b) Gramm
c) Meter d) Grad

❾ **Pinsel : malen = Zahn : ?**

a) Zahnarzt b) putzen
c) Kiefer d) beißen

⑩ Maurer : Stein = Schreiner : ?

a) Holz b) Tür
c) Säge d) Brett

⑪ Haus : Stadt = Baum : ?

a) Blatt b) Wald
c) Grün d) Allee

⑫ singen : Gesang = sprechen : ?

a) Rede b) Diskussion
c) Sprache d) Gespräch

⑬ Ganzes : Teil = Dorf : ?

a) Straße b) Stadt
c) Haus d) Leute

⑭ Lob : Tadel = Traum : ?

a) Bewusstsein b) Schlaf
c) Bett d) Wirklichkeit

⑮ Schwein : Ferkel = Pferd : ?

a) Fohlen b) Stute
c) Schimmel d) Hengst

⑯ schwer : Gewicht = heiß : ?

a) Ofen b) Hitze
c) Feuer d) Temperatur

➜

⓱ **gelb : orange = rot : ?**

a) blau b) violett

c) grün d) weiß

⓲ **Kapitel : Buch = Strophe : ?**

a) Refrain b) Lied

c) Melodie d) Rhythmus

⓳ **alles : nichts = oft : ?**

a) häufig b) wenig

c) manchmal d) nie

⓴ **Schloss : Schlüssel = Problem : ?**

a) Lösung b) Aufgabe

c) Wissen d) Antwort

Lösungen auf Seite 153

Test B

Für die folgenden Aufgaben haben Sie sieben Minuten Zeit.

❶ **Bett : liegen =Stuhl : ?**

a) Tisch b) Sofa

c) ausruhen d) sitzen

❷ **Luft : Flugzeug = Wasser : ?**

a) See b) Fisch

c) Schiff d) Flut

❸ **trinken : Durst = essen : ?**

a) Speise b) Mahlzeit
c) Brot d) Hunger

❹ **Schreiner : Holz = Maler : ?**

a) Farbe b) Bild
c) Wand d) Pinsel

❺ **Kette : Glied = Haus : ?**

a) Dach b) Zimmer
c) Steine d) Mauer

❻ **Land : Grenze = Garten : ?**

a) Wiese b) Baum
c) Zaun d) Tor

❼ **Schlaf : Müdigkeit = Wasser : ?**

a) Glas b) Getränk
c) Tee d) Durst

❽ **Ton : Musik = Wort : ?**

a) Satz b) Sprache
c) Buchstabe d) Bedeutung

❾ **Pinsel : Farbe = Besteck : ?**

a) Speise b) Löffel
c) Teller d) Menü

➜

⑩ Vogel : Nest = Fuchs : ?

a) Falle b) Bau
c) Wald d) Stall

⑪ Artikel : Überschrift = Brief : ?

a) Anschrift b) Anrede
c) Briefmarke d) Betreff

⑫ Kasse : Geld = Topf : ?

a) Suppe b) Deckel
c) Herd d) Löffel

⑬ Mütze : Kopf = Schuh : ?

a) Strumpf b) Sohle
c) Fuß d) Sandale

⑭ Wind : Sturm = rinnen : ?

a) fließen b) strömen
c) tropfen d) brausen

⑮ Frühling : Jahr = Jugend : ?

a) Alter b) Leben
c) Zeit d) Reife

⑯ Licht : Auge = Schall : ?

a) Lärm b) Lautsprecher
c) Lautstärke d) Ohr

⑰ **suchen : finden = fragen : ?**

a) sagen b) antworten
c) rufen d) sprechen

⑱ **Roggen : Weizen = Pflaume : ?**

a) Baum b) Garten
c) Frucht d) Kirsche

⑲ **Buch : Autor = Oper : ?**

a) Orchester b) Musik
c) Theater d) Komponist

⑳ **Strom : Kabel = Wasser : ?**

a) Durst b) Leitung
c) Getränk d) Bach

Lösungen auf Seite 153

Schlussfolgerungen

Hier müssen Sie die richtige Schlussfolgerung aus den vorgegebenen Informationen ziehen.

Beispiel:

Welches ist das älteste Auto?

Auto A ist neuer als Auto B. Auto B ist älter als Auto C. Auto C ist genauso alt wie Auto D.

Lösung: Auto B. Wenn Auto B älter ist als A und als C und C genauso alt ist wie D, ist B am ältesten.

Für die folgenden Aufgaben haben Sie vier Minuten Zeit.

❶ **Wo sind die Äpfel am billigsten?**
In Geschäft A sind die Äpfel teurer als in B. In Geschäft D sind sie teurer als in C, aber billiger als in B.
Lösung: ________

❷ **Wo sind die meisten Kugeln?**
In Schale A sind mehr Kugeln als in Schale D. In Schale C sind weniger als in B, aber mehr als in A.
Lösung: ________

❸ **Wer ist am größten?**
Martin ist genauso groß wie Olaf. Bernd ist kleiner als Benno. Benno ist größer als Olaf. Martin ist kleiner als Bernd.
Lösung: ________

❹ **Wer läuft am schnellsten?**
Thomas ist langsamer als Klaus. Lars ist schneller als Thomas. Michael und Lars sind gleich schnell. Klaus ist schneller als Michael.
Lösung: ________

❺ **Wer ist der beste Schüler?**
Julia ist besser als Martin. Lisa ist nicht schlechter als Christian. Sabine wäre die schlechteste Schülerin, wenn Christian nicht wäre. Martin und Lisa sind gleich gut.
Lösung: ________

❻ Wie alt bin ich?

Meine Schwester ist 4 Jahre älter als mein 6-jähriger Bruder. Wie alt bin ich heute, wenn ich bei der Geburt meiner Schwester 12 Jahre alt war?

Lösung: ________

❼ Wie groß ist der Altersunterschied?

A ist drei Jahre jünger als C und sechs Jahre älter als B. D ist mit 36 Jahren drei Jahre älter als B. Wie viele Jahre sind die älteste und jüngste Person auseinander?

Lösung: ________

❽ Wie viele Söhne gibt es?

In einer Familie hat jeder Sohn dieselbe Anzahl von Schwestern wie Brüder, und jede Tochter hat doppelt so viele Brüder wie Schwestern. Wie viele Söhne hat die Familie?

Lösung: ________

Lösungen auf Seite 153

Wochentage angeben

Hier müssen Sie auf den richtigen Wochentag schließen.

Beispiel:

Heute ist Freitag. Welcher Tag ist zwei Tage nach übermorgen?

Lösung: Dienstag. Übermorgen ist Sonntag, zwei Tage danach Dienstag

Für die folgenden Aufgaben haben Sie vier Minuten Zeit.

❶ Wenn morgen Sonntag ist, welcher Tag war dann vorgestern?
Lösung: ________

❷ Wie viele Tage ist übermorgen von Sonntag entfernt, wenn heute Montag ist?
Lösung: ________

❸ Vorgestern war ein Tag vor Montag. Welcher Tag kommt nach übermorgen?
Lösung: ________

❹ Wenn in zwei Tagen Samstag ist, welcher Tag war dann gestern?
Lösung: ________

❺ Wenn gestern zwei Tage vor Dienstag war, dann ist morgen?
Lösung: ________

❻ Morgen sind es noch drei Tage bis Freitag. Welcher Tag war dann vorgestern?
Lösung: ________

❼ Welcher Tag ist der folgende auf übermorgen, wenn heute Dienstag ist?
Lösung: ________

❽ Welcher Tag war gestern, wenn der Tag nach übermorgen ein Tag vor Sonntag liegt?
Lösung: ________

❾ Wenn drei Tage vor gestern Dienstag war, welcher Tag wird dann morgen sein?
Lösung: ________

❿ Welcher Tag war vorgestern, wenn der Tag nach übermorgen zwei Tage vor Sonntag liegt?
Lösung: ________

Lösungen auf Seite 154

Zahlenreihen ergänzen

Es werden Zahlenreihen vorgegeben, die nach einer bestimmten Regel aufgebaut sind. Finden Sie die Regel heraus, und ergänzen Sie dann die Zahl, mit der die Reihe richtig fortgesetzt wird.

Beispiel:

	4	3	5	4	6	5	7	____
Regel:	−1	+2	−1	+2	−1	+2		

Lösung: 6. Es wird abwechselnd 1 abgezogen und 2 hinzugezählt.

Für die folgenden Aufgaben haben Sie neun Minuten Zeit.

Test A

❶	8	11	14	17	20	23	26	____
❷	7	9	13	15	19	21	25	____
❸	6	12	24	48	96	192	384	____
❹	5	10	7	14	11	22	19	____
❺	7	4	8	5	9	6	10	____
❻	7	8	10	13	17	22	28	____
❼	16	11	22	17	34	29	58	____
❽	11	14	20	24	27	33	37	____
❾	5	15	12	4	12	9	3	____
❿	34	17	12	48	24	19	76	____
⓫	8	9	12	17	24	33	44	____
⓬	14	8	24	17	51	43	129	____
⓭	22	18	25	21	29	25	34	____
⓮	24	8	48	39	13	78	69	____
⓯	11	9	18	15	45	41	164	____
⓰	122	101	83	68	56	47	41	____
⓱	4	5	6	8	11	16	24	____
⓲	26	13	18	6	12	3	10	____
⓳	8	10	7	28	33	27	189	____
⓴	12	10	13	17	12	18	25	____

Lösungen auf Seite 154

Test B

Für die folgenden Aufgaben haben Sie zehn Minuten Zeit.

1	4	12	9	27	24	72	_____
2	10	7	12	9	14	11	_____
3	16	12	19	15	22	18	_____
4	8	12	20	32	48	68	_____
5	36	18	14	42	21	17	_____
6	11	14	19	26	35	46	_____
7	6	4	8	5	15	11	_____
8	18	10	20	13	26	20	_____
9	15	5	30	21	7	42	_____
10	3	5	10	12	24	26	_____
11	11	13	16	12	17	23	_____
12	1	1	2	6	24	120	_____
13	10	7	21	24	8	5	_____
14	6	7	5	7	8	6	_____
15	36	18	14	42	21	17	_____
16	22	26	20	24	19	23	_____
17	15	9	27	22	66	62	_____
18	8	11	17	29	53	101	_____
19	16	14	17	13	18	12	_____
20	8	13	21	34	55	89	_____

Lösungen auf Seite 155

Reihen fortsetzen

Die drei Figuren verändern sich nach bestimmten Regeln. Ergänzen Sie die vierte Figur so, dass sie die Reihe sinnvoll fortsetzt.

Beispiel:

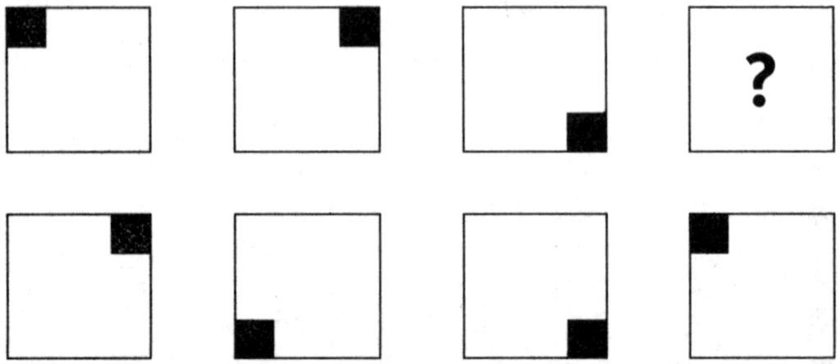

a b c d

Lösung: b. Das schwarze Rechteck wandert im Uhrzeigersinn.

Für die folgenden Aufgaben haben Sie fünf Minuten Zeit.

❶

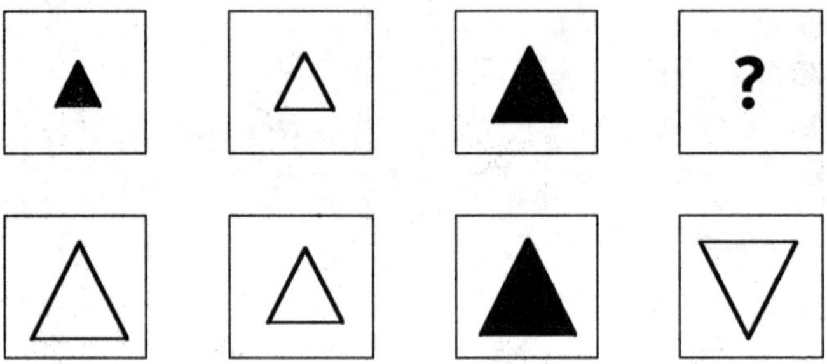

a b c d

❷
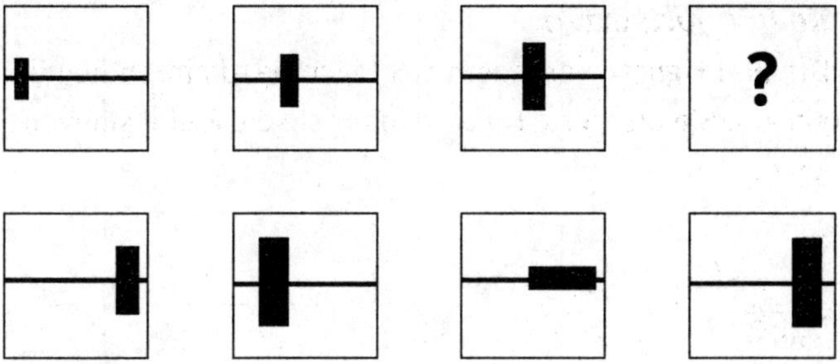

a b c d

❸
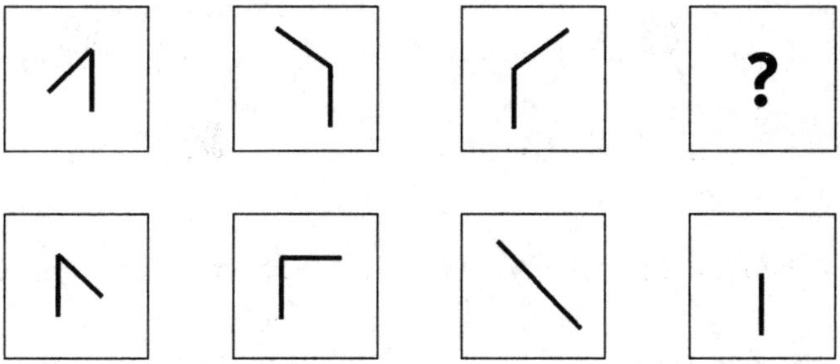

a b c d

❹
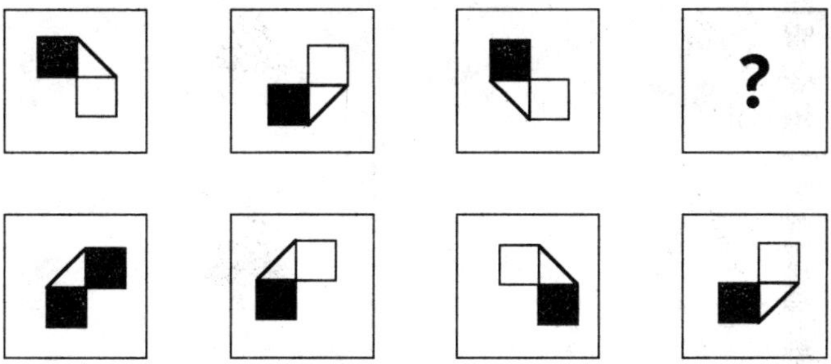

a b c d

➜

5

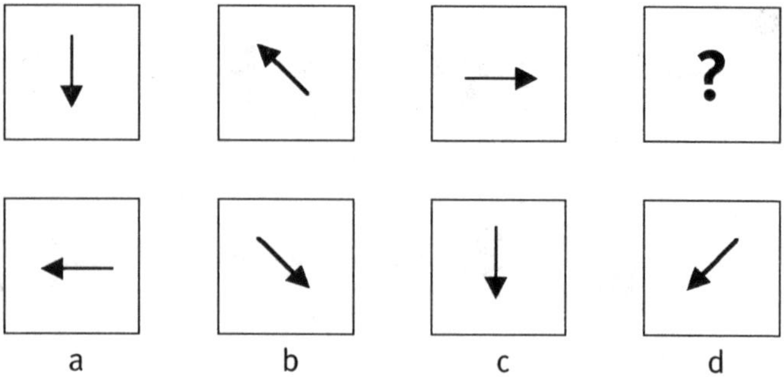

6

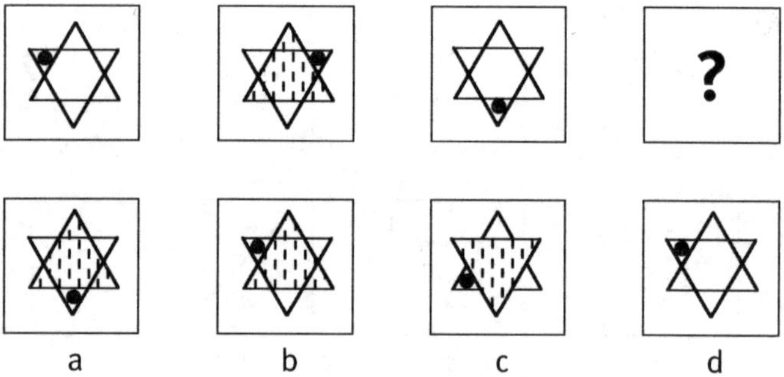

7

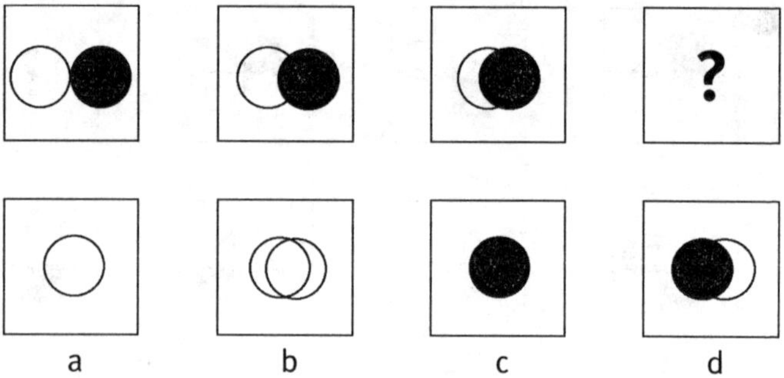

8

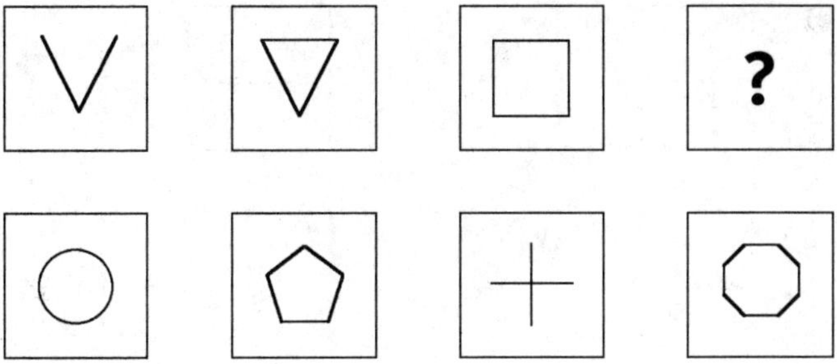

a b c d

9

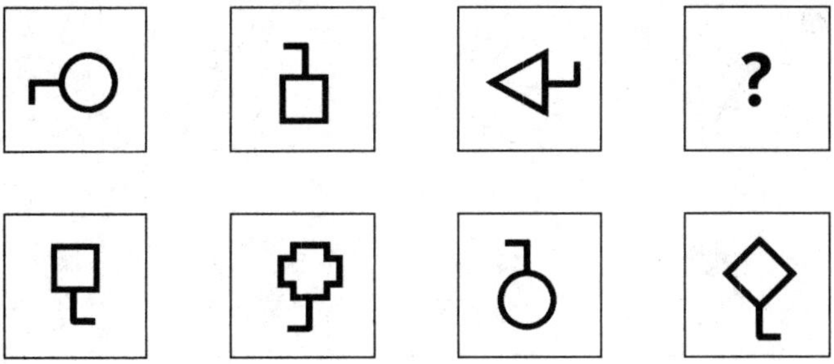

a b c d

10

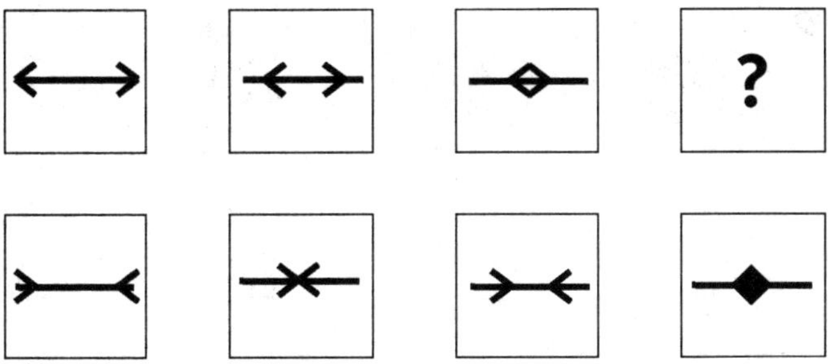

a b c d

→

11
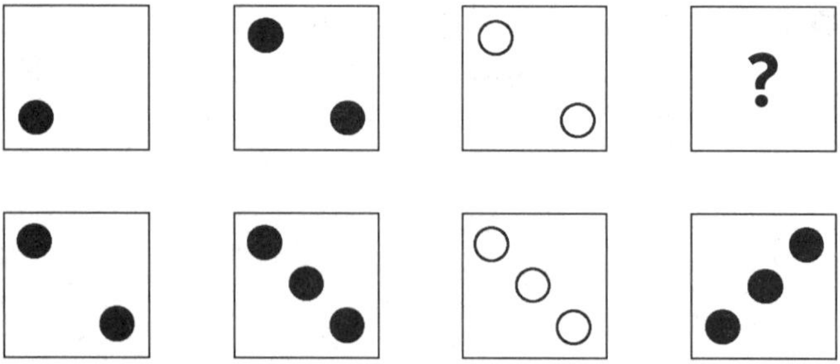
a b c d

12
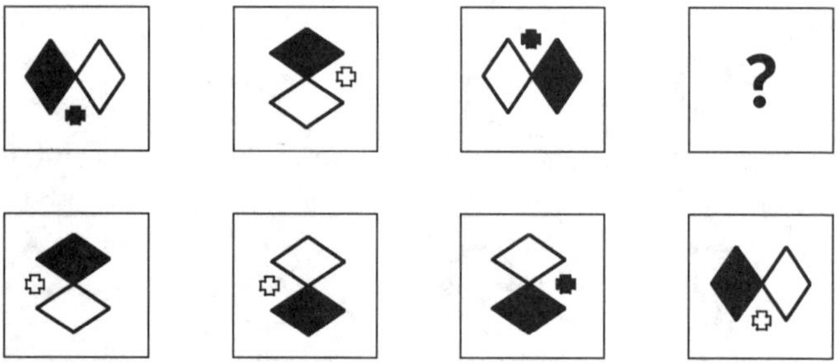
a b c d

13
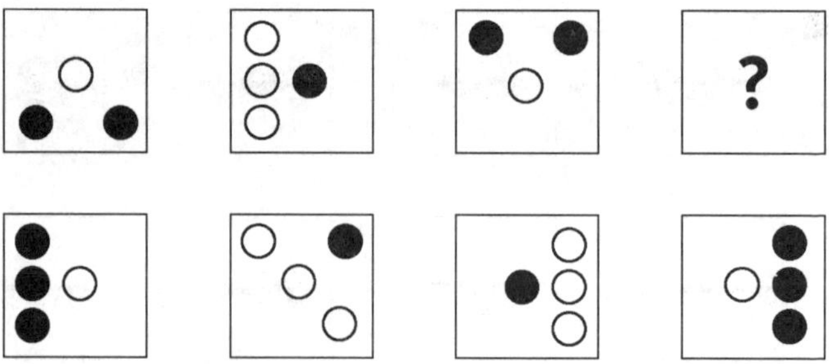
a b c d

14

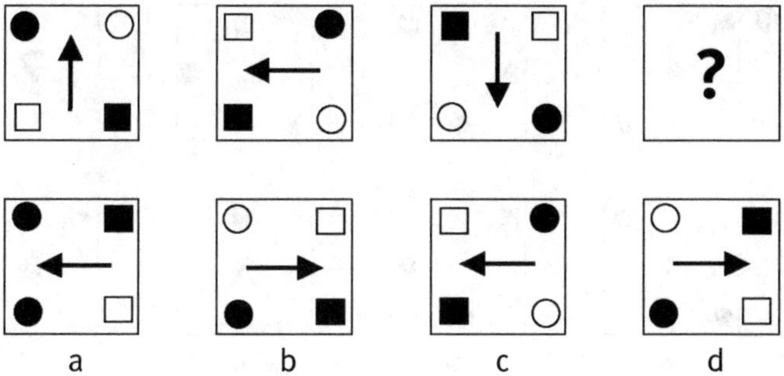

15

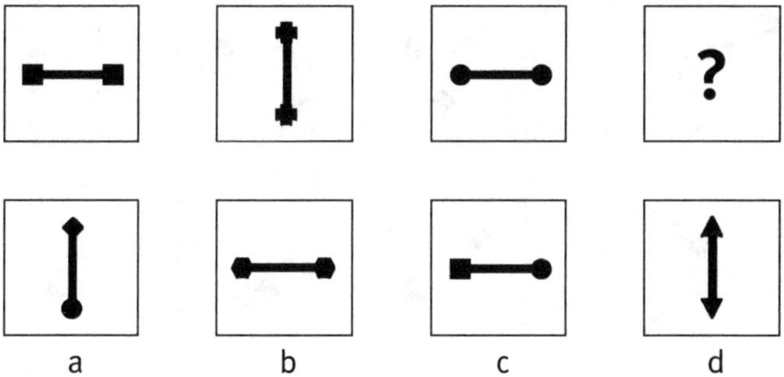

16

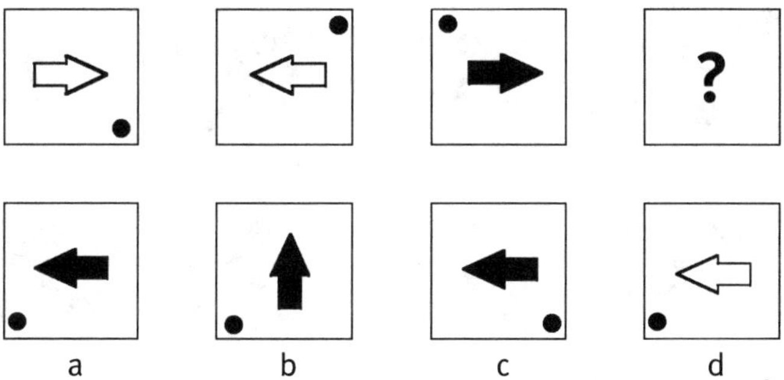

→

17

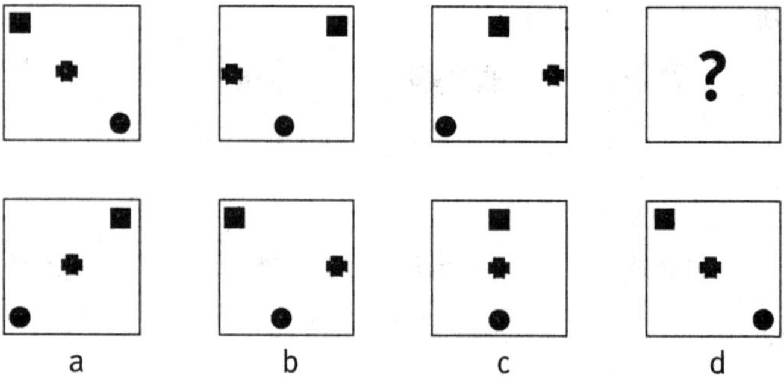

18

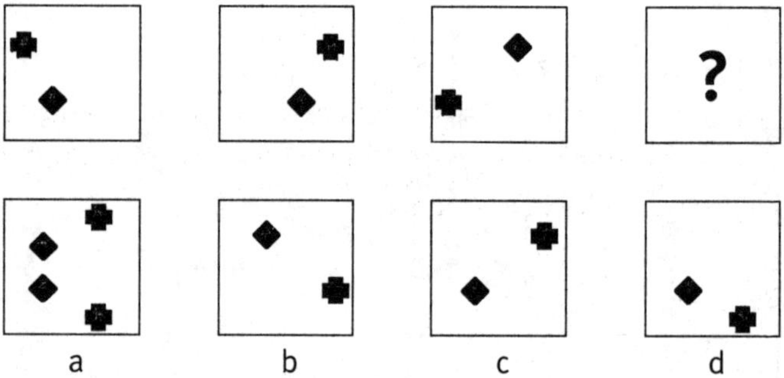

19

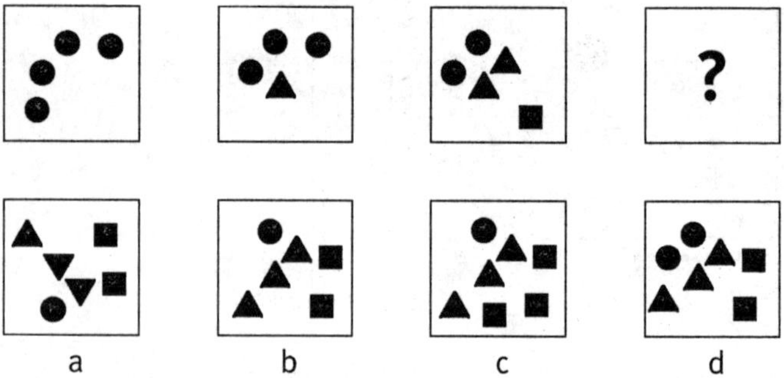

20

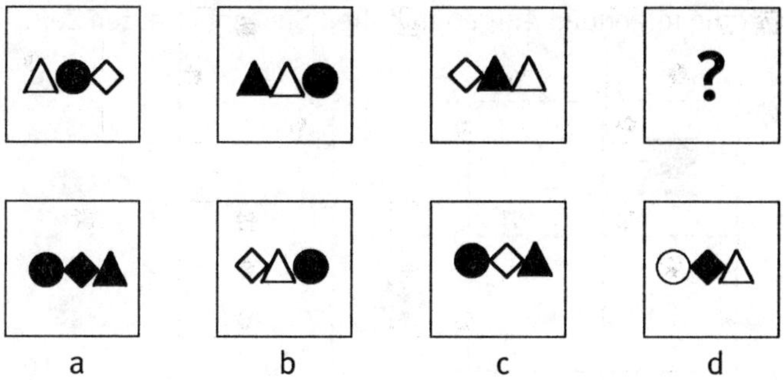

Lösungen auf Seite 156

Matrizen ergänzen

Acht Figuren, die sich nach bestimmten Regeln verändern, sind vorgegeben. Die letzte Figur in der dritten Reihe fehlt. Diese Figur sollen Sie ergänzen.

Beispiel:

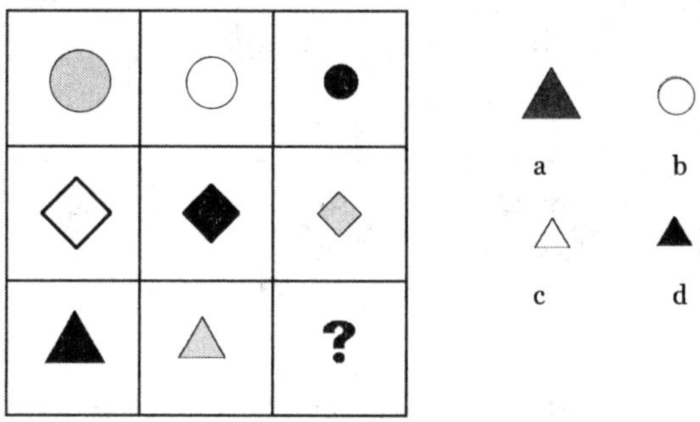

Lösung: c. In der letzten Reihe fehlt ein kleines Dreieck ohne Farbe.

Für die folgenden Aufgaben haben Sie acht Minuten Zeit.

❶

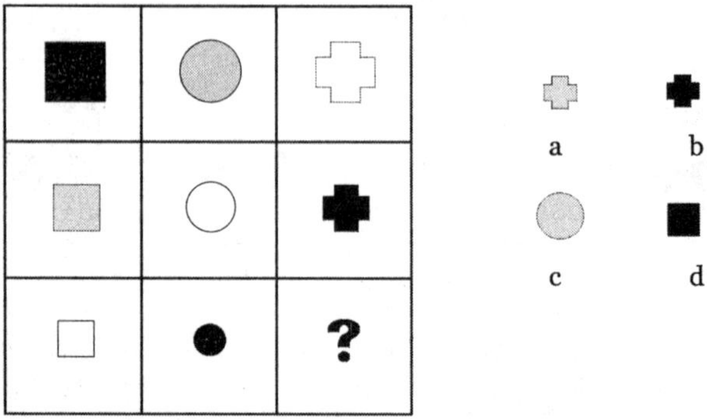

❷

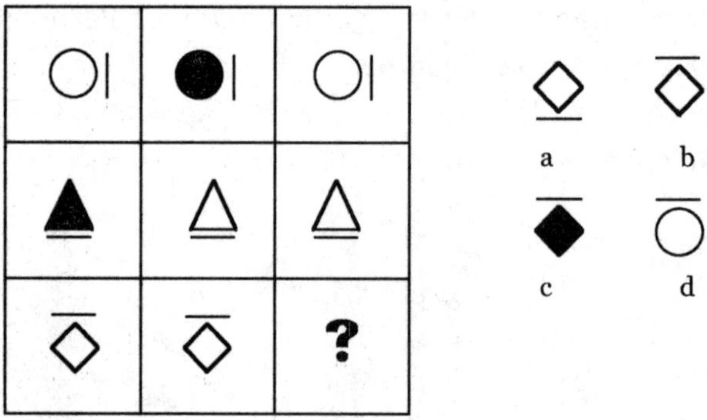

❸

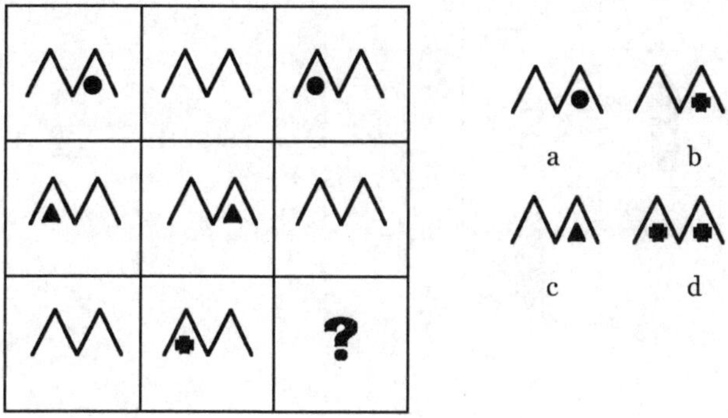

❹

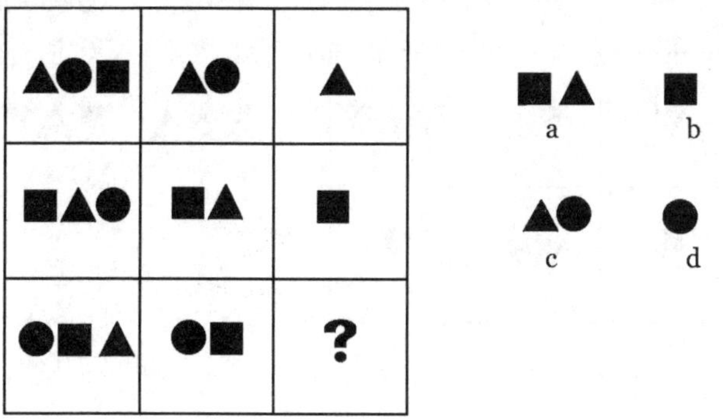

➜

5

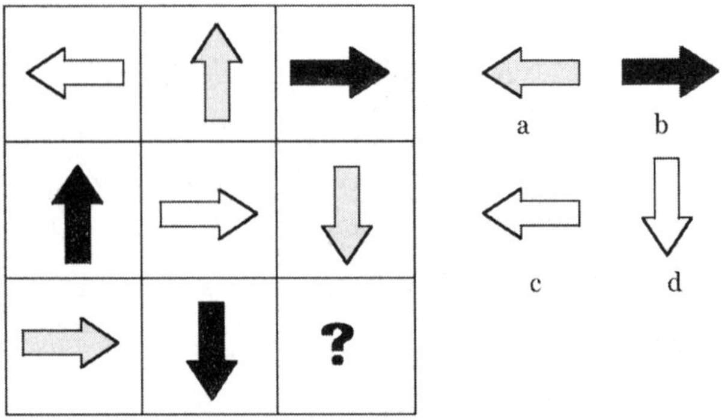

6

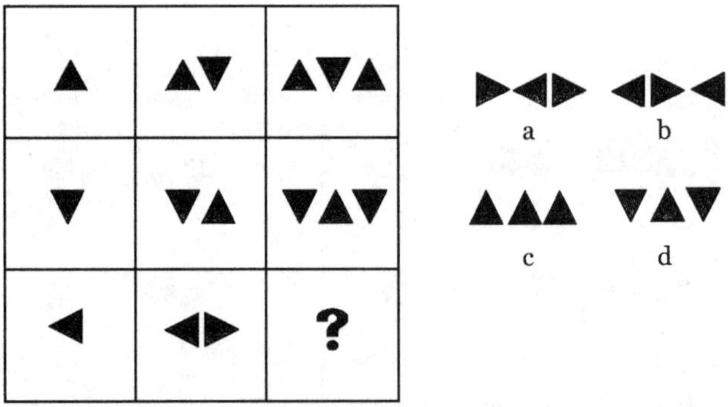

❼

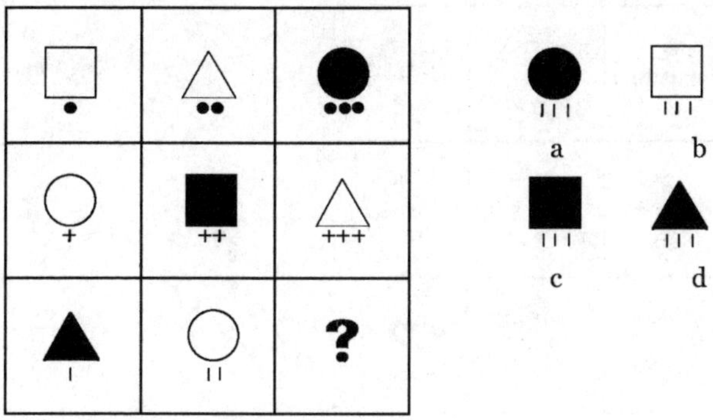

❽

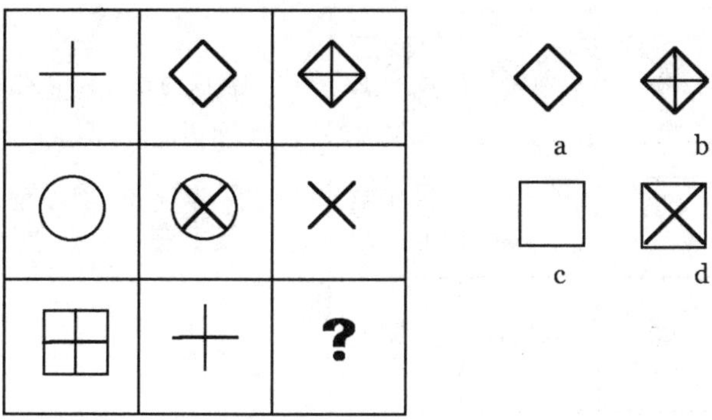

➜

9

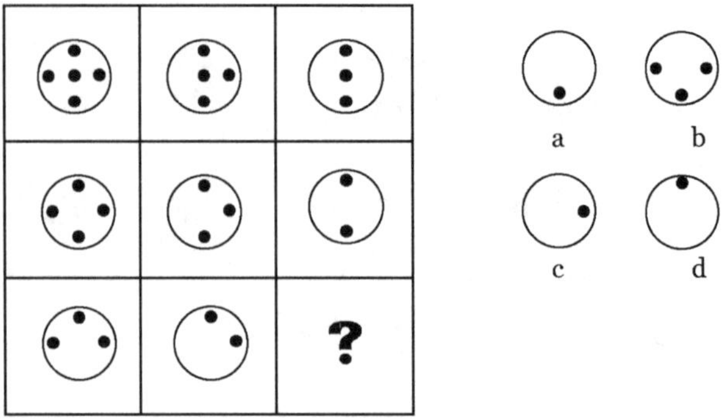

10

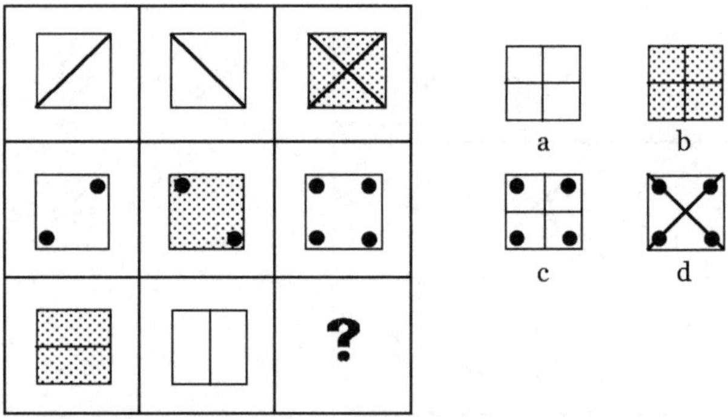

11

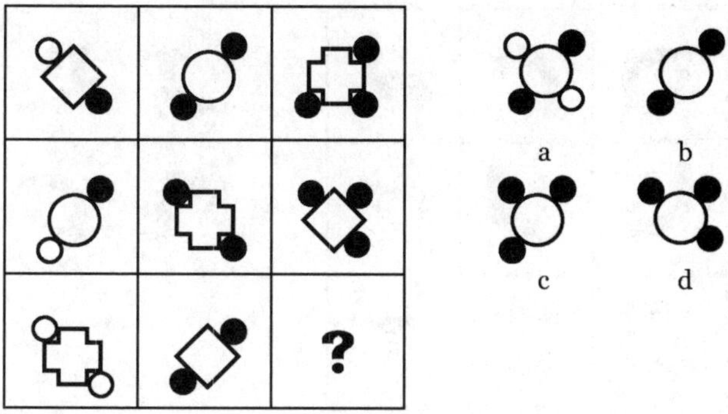

12

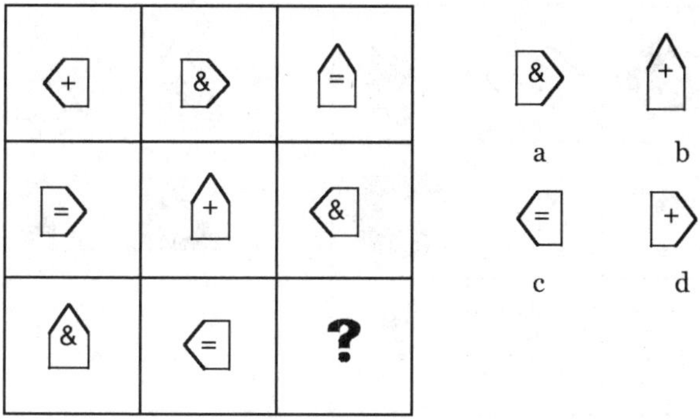

➜

13

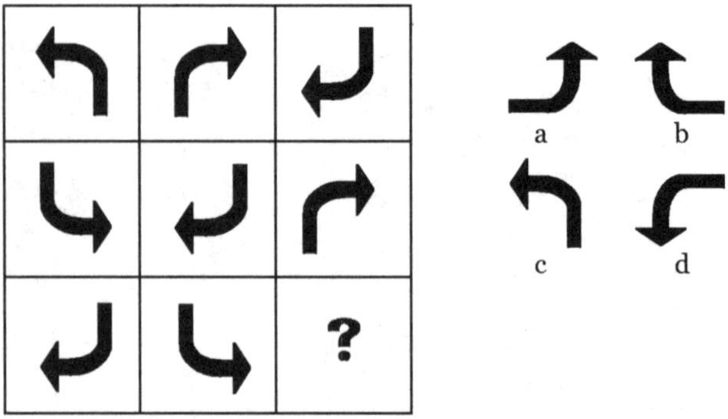

14

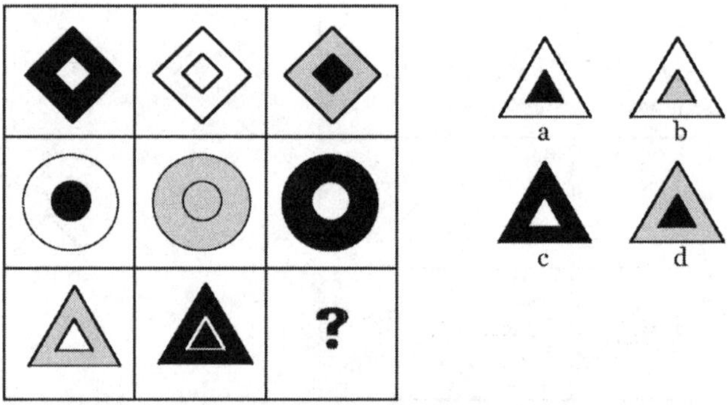

15

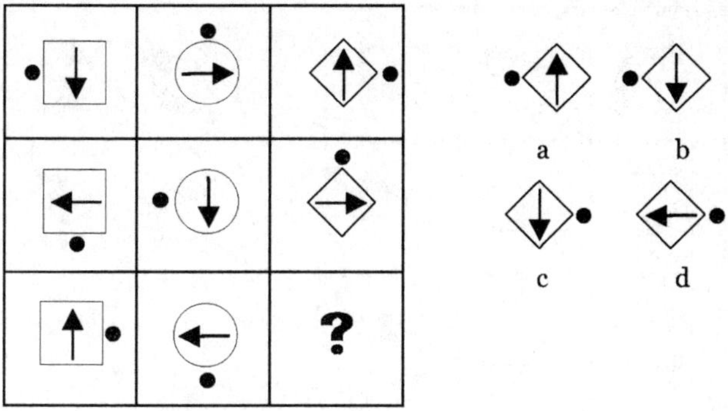

16

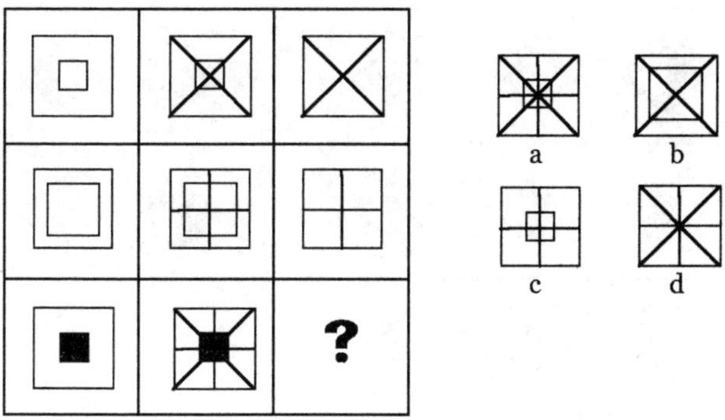

17

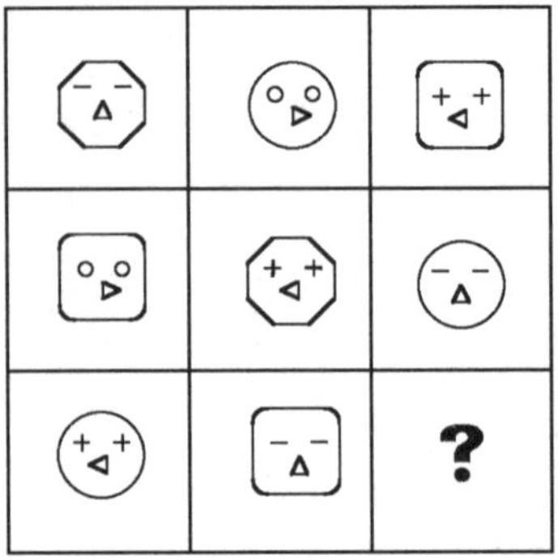

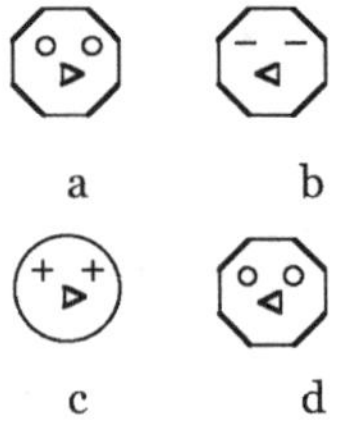

18

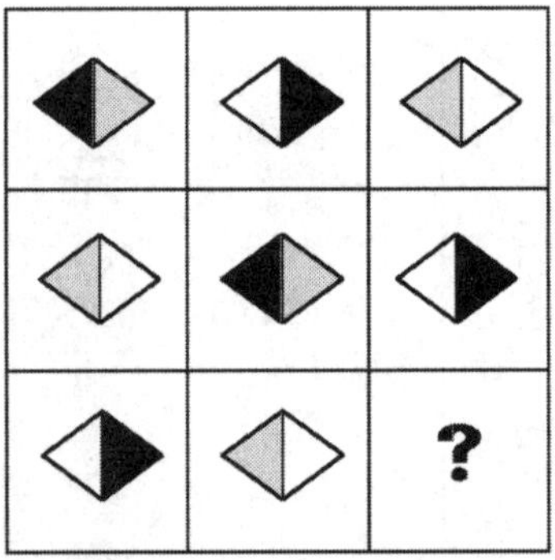

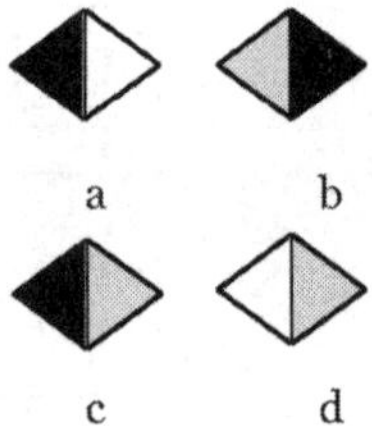

19

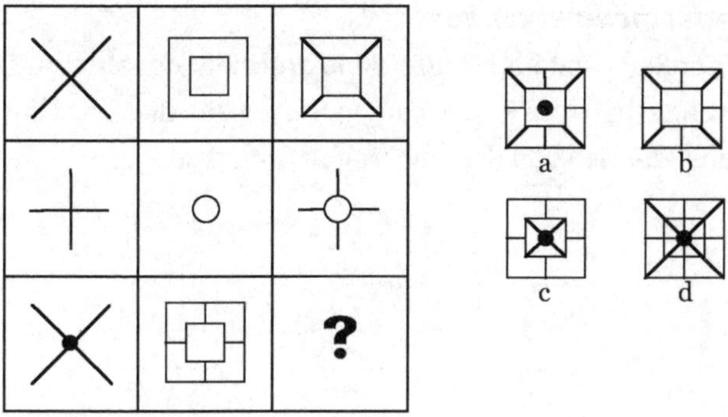

20

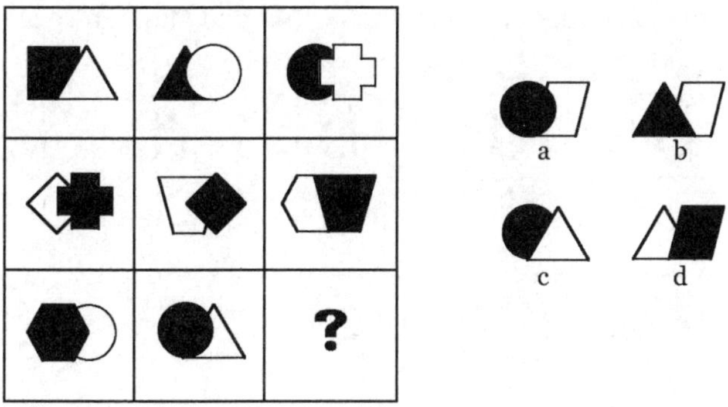

Lösungen auf Seite 156

Unterschiede erkennen

In einer Reihe mit fünf Figuren sind drei einander ähnlich, zwei passen nicht in die Reihe. Finden Sie jeweils die zwei Figuren heraus, die sich von den anderen unterscheiden.

Beispiel:

a b c d e

Lösung: c e

Für die folgenden Aufgaben haben Sie fünf Minuten Zeit.

❶ 

a b c d e

❷ 

a b c d e

❸ 

a b c d e

❹ 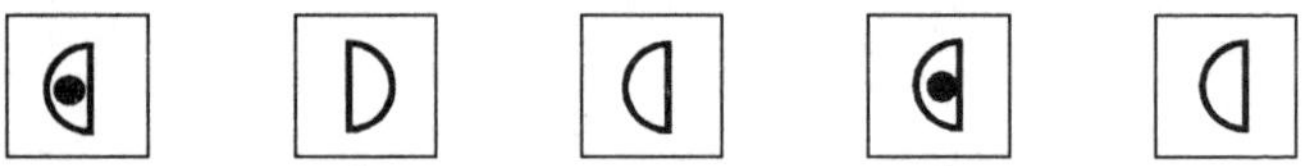

a b c d e

5

a b c d e

6
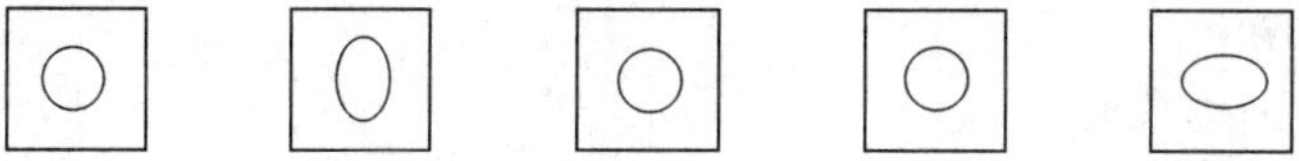
a b c d e

7

a b c d e

8
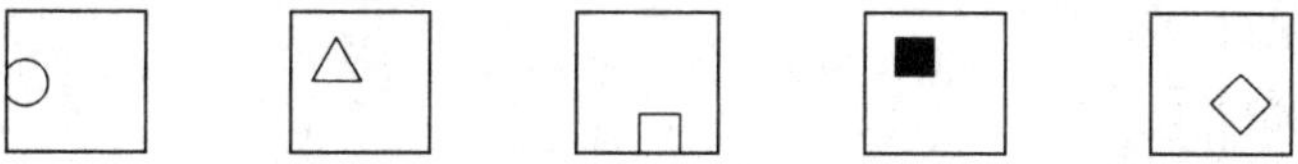
a b c d e

9

a b c d e

10

a b c d e

11
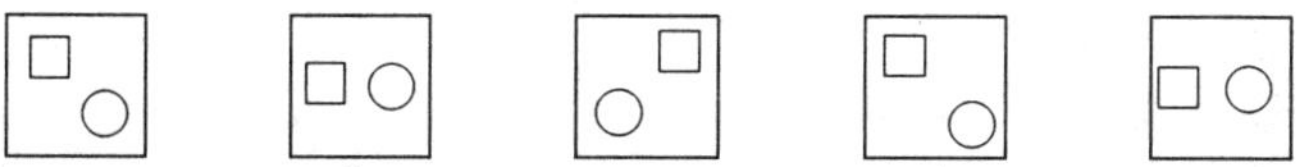
a b c d e

➔

12
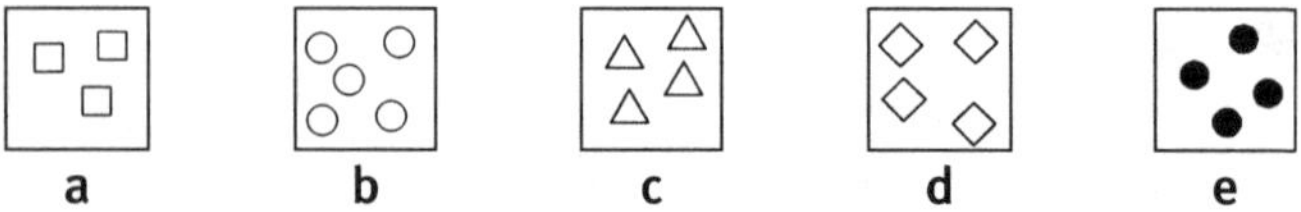

13
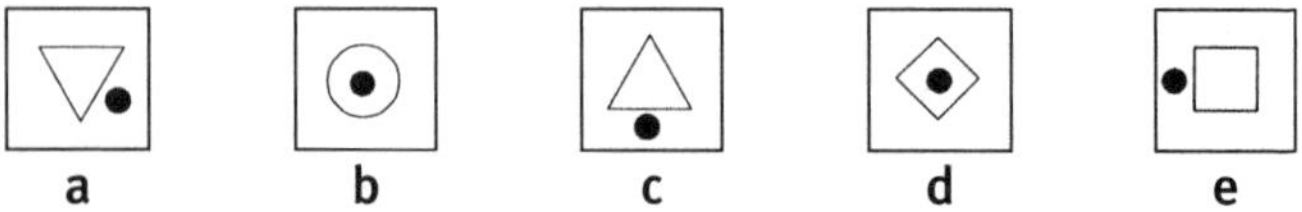

14
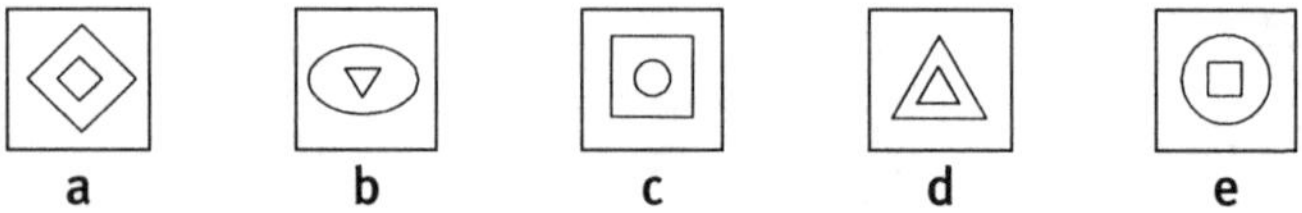

15
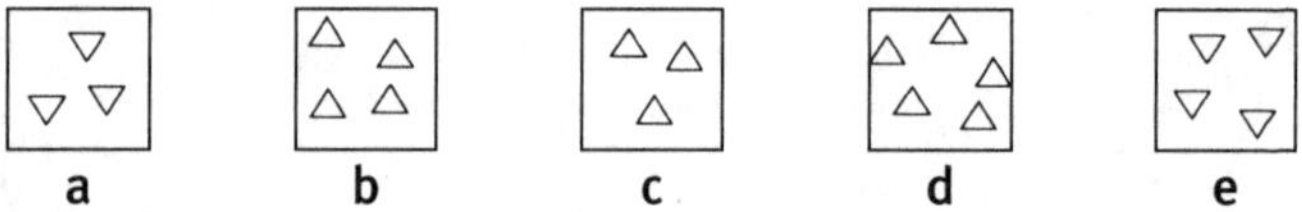

16
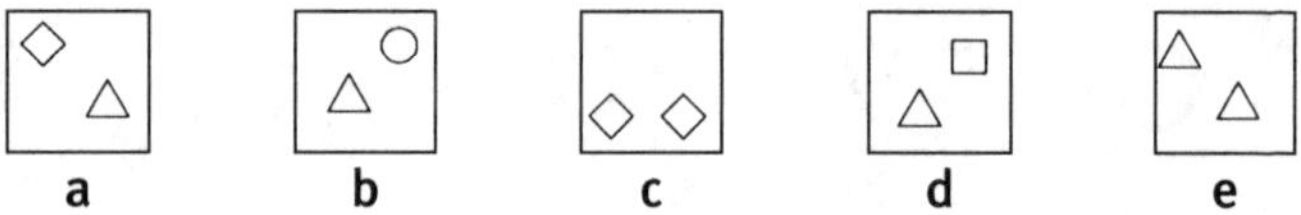

17
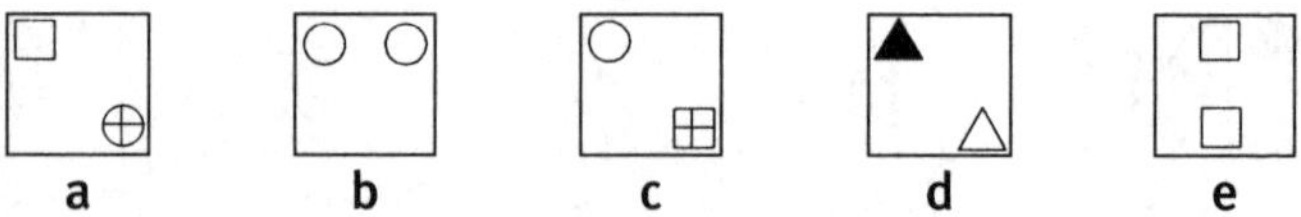

18
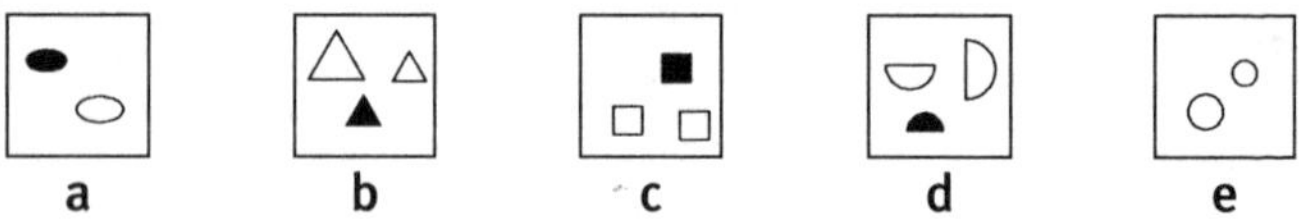

⓳ 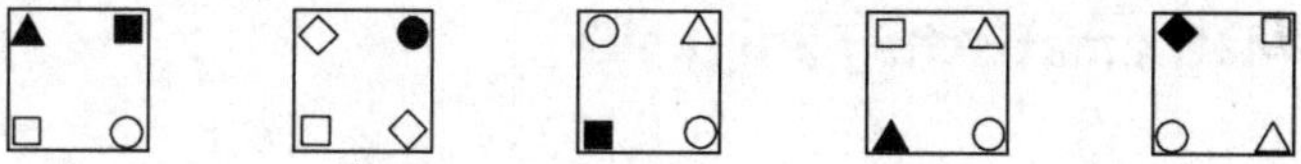

a b c d e

⓴ 

a b c d e

Lösungen auf Seite 156

Mathematische Fähigkeiten

Hier geht es um Ihre Rechenfähigkeiten, aber auch logisches Denken und eine schnelle Auffassungsgabe sind wichtig.

Ergebnisse schätzen

Die folgenden Rechenaufgaben sollen Sie nicht ausrechnen, sondern stattdessen das richtige Ergebnis durch Abschätzen und einfache rechnerische Überlegungen herausfinden. Bei jeder Aufgabe gibt es irgendwelche Anhaltspunkte, so dass Sie die Lösung ohne Ausrechnen finden können.

Beispiel:

3251 + 4523 + 2512 = ?

a) 9955 b) 9782 c) 10533
d) 9843 e) 10286

Lösung: e. Zusammenzählen der Einerstellen ergibt 6, also kann nur e richtig sein.

Für die folgenden Aufgaben haben Sie acht Minuten Zeit.

❶ 5812 + 3792 + 1616 = ?

a) 11282 b) 9735 c) 11220
d) 11342 e) 12684

❷ 8225 + 2325 + 6325 + 7625 = ?

a) 26375 b) 24500 c) 23650
d) 24750 e) 25050

❸ $2783293 - 573808 = ?$

a) 2209485 b) 2238481 c) 1987540
d) 2185932 e) 2438566

❹ $32473\frac{1}{12} + 5378\frac{5}{12} + 2624\frac{5}{12} = ?$

a) 39598 b) $42842\frac{1}{4}$ c) 41327
d) $40475\frac{11}{12}$ e) $43018\frac{7}{12}$

❺ $13006 \times 4107 = ?$

a) 53415642 b) 38946376 c) 86971317
d) 63783115 e) 57813456

❻ $49 \times 39 = ?$

a) 20317 b) 20172 c) 1938
d) 1989 e) 1911

❼ $7125 \times 5 = ?$

a) 31632 b) 35625 c) 34613
d) 37466 e) 35891

❽ $311 \times 511 + 17103 = ?$

a) 176024 b) 174312 c) 168711
d) 214780 e) 183211

❾ $7{,}9 \times 4{,}9 = ?$

a) 40,11 b) 39,89 c) 40,81
d) 38,71 e) 39,14

➜

10 693456 : 2 = ?

a) 325416 b) 384377 c) 346728
d) 357347 e) 306415

11 0,7886 – 21 = ?

a) -21,2184 b) -21,2114 c) -20,8338
d) -21,1542 e) -20,2114

12 $(198)^2$ = ?

a) 40225 b) 39607 c) 39204
d) 40206 e) 39388

13 $88 \times \frac{1}{8} = ?$

a) 8 b) 11 c) $10\ \frac{1}{8}$
d) 64 e) 80

14 $4272\frac{3}{14} + 1324\frac{7}{14} + 573\frac{4}{14} = ?$

a) $5946\ \frac{2}{7}$ b) 6242 c) 5911
d) 6170 e) $5873\ \frac{2}{14}$

15 $34160\frac{4}{17} \times 17 = ?$

a) 6120655 b) 580724 c) $578564\ \frac{4}{17}$
d) 604732 e) $562634\ \frac{8}{17}$

16 65395,05 : 10,21 = ?

a) 6405 b) 5768,2 c) 6143
d) 5934,3 e) 6345,234

⓱ $12\frac{1}{2}$ % von 7288 = ?

a) 978 b) 805 c) 895
d) 911 e) 1164

⓲ $256238 : \frac{1}{2} = ?$

a) 532334 b) 608455 c) 486220
d) 508464 e) 512476

⓳ $\sqrt{8{,}8209} = ?$

a) 2,33 b) 3,09 c) 3,03
d) 3,13 e) 2,97

⓴ $\sqrt{50625} \times 2 = ?$

a) 275 b) 240 c) 560
d) 450 e) 720

Lösungen auf Seite 157

Rechenzeichen einsetzen

Setzen Sie bitte das richtige Rechenzeichen + (plus), – (minus), × (mal) oder : (geteilt) in die Kästchen ein, damit das Ergebnis stimmt. Bearbeiten Sie die Aufgaben in der vorgegebenen Reihenfolge von links nach rechts, und rechnen Sie alles im Kopf aus!

Beispiel 1:	7	☐	2	☐	5	=	4
Lösung:	7	+	2	–	5	=	4

Beispiel 2:	6	☐	3	☐	7	=	11
Lösung:	6	*	3	–	7	=	11

Für die folgenden Aufgaben haben Sie fünf Minuten Zeit.

❶	6	☐	15	☐	4	=	25
❷	78	☐	23	☐	12	=	43
❸	9	☐	3	☐	5	=	32
❹	14	☐	6	☐	3	=	24
❺	11	☐	7	☐	5	=	82
❻	63	☐	7	☐	4	=	36
❼	538	☐	64	☐	16	=	458
❽	723	☐	678	☐	12	=	1413
❾	4612	☐	1327	☐	6	=	5933
❿	378	☐	6	☐	4	=	93
⓫	2782	☐	1633	☐	58	=	4357
⓬	37	☐	4	☐	5	=	165
⓭	4348	☐	1012	☐	3	=	1112
⓮	7116	☐	6920	☐	14	=	14

⓯ 31	☐	4	☐	5	=	175
⓰ 636	☐	12	☐	8	=	81
⓱ 152	☐	19	☐	32	=	40
⓲ 4864	☐	8	☐	4	=	604
⓳ 104	☐	13	☐	52	=	60
⓴ 6600	☐	20	☐	3112	=	3442

Lösungen auf Seite 157

Rechenaufgaben

Für die folgenden Aufgaben haben Sie fünf Minuten Zeit.

❶ $60 + 25$ = _____

❷ $73 - 37$ = _____

❸ $134 - 25 + 11$ = _____

❹ 13×4 = _____

❺ $31 \times 9 - 158$ = _____

❻ 6×132 = _____

❼ $176 : 4$ = _____

❽ $138 : 6 \times 3$ = _____

❾ $40 \times 2,5 : 5$ = _____

❿ $3X + 7 = 31$ X = _____

⓫ $25 + X = 45 - X$ X = _____

⓬ $16 \times 9 = X \times 4$ X = _____

⓭ $30 \times \frac{8}{5}$ = _____

⓮ $\frac{1}{4} \times 80 + 60 \times \frac{1}{3}$ = _____

⓯ $\frac{15}{6} + \frac{1}{2}$ = _____

⓰ $\frac{15}{105} \times 77$ = _____

⓱ $\frac{22}{4} : \frac{1}{16}$ = _____

➜

⑱ $\frac{14}{3} : \frac{2}{15}$ = ____

⑲ $\frac{236}{15} + \frac{188}{30}$ = ____

⑳ X : 1,5 = 4 : 0,06 X = ____

Lösungen auf Seite 157

Textaufgaben

Bei den folgenden Aufgaben geht es um alltägliche Rechenprobleme, auch um Dreisatz- und Prozentrechnung.

Beispiel:

Der Kurs einer Aktie ist innerhalb eines Jahres von 80 Euro auf 60 Euro gesunken. Wie viel % beträgt der Kursverlust?
Lösung: 25 Prozent. 20 Euro Verlust entspricht $\frac{1}{4}$ bzw. 25 Prozent.

Für jeden der beiden Rechentests haben Sie acht Minuten Zeit.

Rechentest A

❶ Ein Telefonat von 5 Minuten kostet 15 Cent. Wie viel kostet ein Gespräch von 20 Minuten?
Lösung: ________

❷ Im Tank eines Autos befinden sich 51 Liter Benzin. Wie weit kann man damit fahren, wenn man durchschnittlich 8,5 Liter auf 100 km verbraucht?
Lösung: ________

❸ 8 Fliesenleger brauchen zum Fliesen eines Schwimmbades normalerweise 15 Tage. Nun werden 2 Arbeiter woanders eingesetzt. Nach wie viel Tagen ist die Arbeit fertig?
Lösung: ________

❹ Zwei Brüder sind zusammen 37 Jahre alt. Der eine Bruder ist 9 Jahre älter als der andere. Wie alt ist der ältere Bruder?
Lösung: ________

❺ Ein Prüfling erreicht in einem Test 136 von 160 Punkten. Wie viel Prozent sind das?
Lösung: ________

❻ Ein Seil von 42 m Länge soll in drei Teile zerschnitten werden. Dabei soll das jeweils nächste Stück doppelt so lang sein wie das vorhergehende. Wie lang ist das längste Stück?
Lösung: ________

❼ 2,5 Kilo Kartoffeln kosten 1,5 Euro, ein Zentner (= 50 kg) kostet 18 Euro. Wie viel Prozent spart man, wenn man einen Zentner kauft?
Lösung: ________

❽ Julia hat sich von ihrer Schwester Geld geliehen. $\frac{2}{5}$ hat sie bereits zurückgezahlt. Wenn sie jetzt 160 Euro zahlt, betragen ihre Schulden noch 110 Euro. Wie viel Geld hat sie insgesamt ausgeliehen?
Lösung: ________ ➜

❾ Zwei Freunde haben beim Lotto 26400 Euro gewonnen. Der Gewinn soll entsprechend ihrem Einsatz im Verhältnis 5 zu 7 aufgeteilt werden. Wie hoch ist der kleinere Betrag?

Lösung: ________

❿ Ein Würfel mit einer Kantenlänge von 4 cm soll um 1/4 seines Volumens vergrößert werden. Wie groß ist das neue Volumen in cm^3?

Lösung: ________

⓫ Lisa kommt mit ihrem Urlaubsgeld 12 Tage aus, wenn sie jeden Tag 20 Euro ausgibt. Wie viel kann sie pro Tag ausgeben, wenn das Geld für 16 Tage reichen soll?

Lösung: ________

⓬ Addiert man zu einer Zahl 11 und multipliziert die Summe mit 4, so erhält man die Zahl 96. Wie heißt die gesuchte Zahl?

Lösung: ________

⓭ Nach einer Gehaltserhöhung von 5 Prozent verdient ein Angestellter 1680 Euro. Wie viel Euro entspricht diese Gehaltserhöhung?

Lösung: ________

⓮ In einer Schale befinden sich rote, blaue und gelbe Kugeln. 20 Kugeln sind gelb, $\frac{1}{3}$ sind rot und $\frac{1}{4}$ blau. Wie viele Kugeln sind es insgesamt?

Lösung: ________

⓯ In einer Fahrschule haben in einem Monat 70 Prozent der Männer und 60 Prozent der Frauen die Prüfung bestanden. Wie viel Prozent der Fahrschüler haben die Prüfung insgesamt bestanden, wenn der Männeranteil 60 Prozent beträgt?

Lösung: ________

Lösungen auf Seite 158

Rechentest B

❶ Ein PKW verbraucht für eine Strecke von 300 Kilometer 24 Liter Benzin. Wie hoch ist der Verbrauch auf 100 km?

Lösung: ________

❷ Der Teppichboden für ein Zimmer von 15 Quadratmeter kostete 210 Euro. Jetzt soll ein weiteres Zimmer von 25 qm mit dem gleichen Teppichboden ausgelegt werden. Wie viel kostet das?

Lösung: ________

❸ Im Supermarkt A kosten 6 Kilo Äpfel 7,20 Euro, in Supermarkt B kosten 2 Kilo 2,60 Euro. Wo sind die Äpfel preiswerter?

Lösung: ________

❹ Ein rechteckiger Behälter fasst 400 Kubikmeter Wasser. Der Behälter ist zehn Meter lang und fünf Meter breit. Wie hoch ist er?

Lösung: ________ ➜

5 In einem Korb befinden sich Äpfel und Birnen, zusammen sind es 24 Stück. Dabei gibt es doppelt so viele Äpfel wie Birnen. Wie viele Äpfel gibt es?
Lösung: ________

6 Ein Rechteck mit den Seitenlängen 40 cm und 60 cm soll um $\frac{1}{3}$ vergrößert werden. Wie groß ist die neue Fläche?
Lösung: ________

7 Ein Mann verdient 20 Prozent mehr als seine Frau. Wie hoch ist das Einkommen der Frau, wenn beide zusammen 4400 Euro verdienen?
Lösung: ________

8 Ein Autofahrer rechnet aus, dass er sein Ziel in sechs Stunden erreicht, wenn er durchschnittlich 90 km/h fährt. Wie schnell muss er fahren, um schon in fünf Stunden da zu sein?
Lösung: ________

9 Frau Müller gibt ein Siebtel ihres Monatsverdienstes für Kleidung aus, für die Miete plus Nebenkosten dreimal so viel. 600 Euro bleiben für die übrigen Ausgaben. Wie viel Geld hat sie monatlich zur Verfügung?
Lösung: ________

10 Eine Person hat 1,40 Euro in Münzen von 5 und 10 Cent in der Tasche, insgesamt 18 Münzen. Wie viele 5-Cent-Münzen sind dabei?
Lösung: ________

⓫ Zwei Züge begegnen sich um 12 Uhr und fahren in entgegengesetzte Richtung weiter. Wie weit sind sie um 12.40 Uhr voneinander entfernt, wenn der eine Zug 90 km/h und der andere 120 km/h fährt?
Lösung: ________

⓬ Wie viel muss man zu 11 hinzuzählen, damit die Summe im gleichen Verhältnis zu 30 steht, wie 16 zu 24?
Lösung: ________

⓭ Die Belegschaft einer Firma wurde wegen schlechter Auftragslage um 8 Prozent reduziert. Wie viele Mitarbeiter wurden vorher beschäftigt, wenn es jetzt noch 184 sind?
Lösung: ________

⓮ Herr Meier zahlt jeden Monat 40 Euro Zinsen für einen Kredit von 6000 Euro. Wie hoch ist der Zinssatz für diesen Kredit?
Lösung: ________

⓯ An einer Straße von 1800 m Länge durch einen Wald liegt ein Parkplatz. Die Zufahrt von der einen Seite beträgt vier Fünftel der Länge der anderen. Wie lang ist die kürzere Zufahrt?
Lösung: ________

Lösungen auf Seite 158

Beobachtungsgabe

Genau beobachten

Hier geht es um die Fähigkeit, schnell und genau wahrzunehmen. Von den drei Gesichtern, sind jeweils zwei gleich, das dritte unterscheidet sich in einem Merkmal. Finden Sie dieses veränderte Gesicht heraus.

Beispiel:

a b c

Lösung: c. Begründung: Ein Ohr fehlt.

Für die folgenden Aufgaben haben Sie vier Minuten Zeit.

❶

a b c

❷

a b c

❸

a b c

❹

a b c

❺

a b c

❻

a b c

→

❼

a b c

❽

a b c

❾

a b c

❿

a b c

⓫

a b c

⓬

a b c

⓭

a b c

⓮

a b c

⓯

a b c

⓰

a b c

➜

17

a b c

18

a b c

19

a b c

20

a b c

21

a b c

㉒

a b c

㉓

a b c

㉔

a b c

Lösungen auf Seite 159

Räumliches Denken

Bei den folgenden Tests geht es um Ihr räumliches Vorstellungsvermögen. Darunter versteht man die Fähigkeit, sich Gegenstände, Bilder und Bewegungsabläufe räumlich vorzustellen. Sie müssen anhand von Zeichnungen die räumliche Anordnung von Gegenständen richtig erfassen. In dieser Testgruppe bereiten besonders die Würfelaufgaben vielen Menschen Kopfzerbrechen.

Spiegelbilder

Von den fünf vorgegebenen Figuren lassen sich vier durch Drehung zur Deckung bringen. Bei einer geht das nicht, weil sie spiegelverkehrt dargestellt ist. Finden Sie diese Figur heraus.

Beispiel:

a b c d e

Lösung: b

Für die folgenden Aufgaben haben Sie acht Minuten Zeit.

❶

a b c d e

❷

a b c d e

❸

a b c d e

❹

a b c d e

❺

a b c d e

❻

a b c d e →

7

a b c d e

8

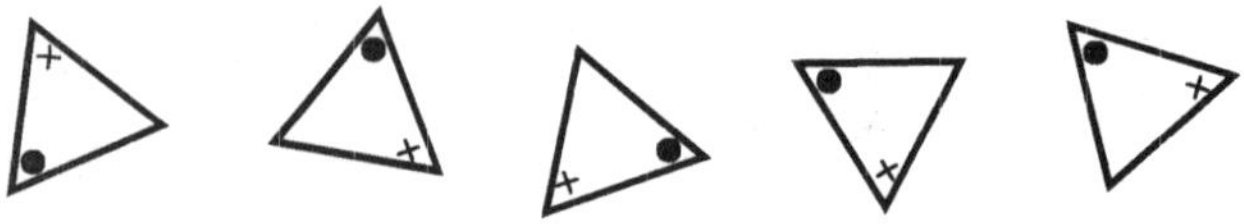

a b c d e

9

a b c d e

10

a b c d e

11

a b c d e

⓬

a b c d e

⓭

a b c d e

⓮

a b c d e

⓯

a b c d e

⓰

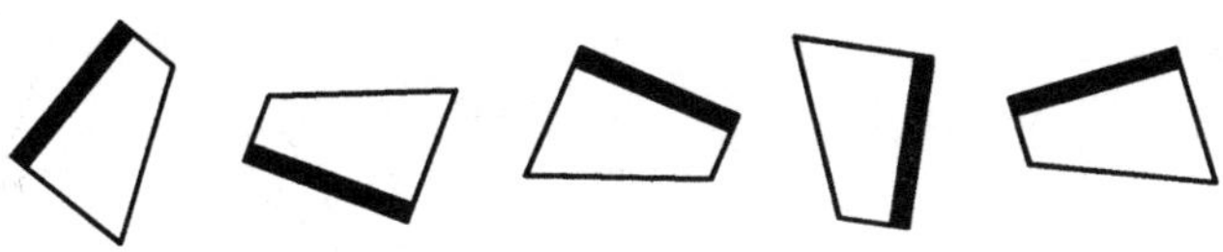

a b c d e

⓱

a b c d e

→

18

a b c d e

19

a b c d e

20

a b c d e

Lösungen auf Seite 159

Figurenauswahl

Hier sind die vorgegebenen Musterfiguren in mehrere Teile zerschnitten. Finden Sie heraus, welche Figur sich durch Zusammensetzen der Einzelteile bilden lässt.

Beispiele:

a b c d

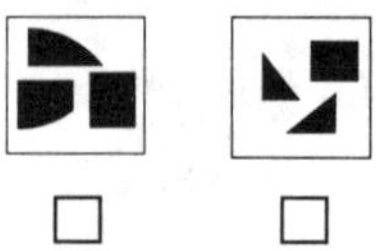

Lösungen: a und d

Für die folgenden Aufgaben haben Sie acht Minuten Zeit.

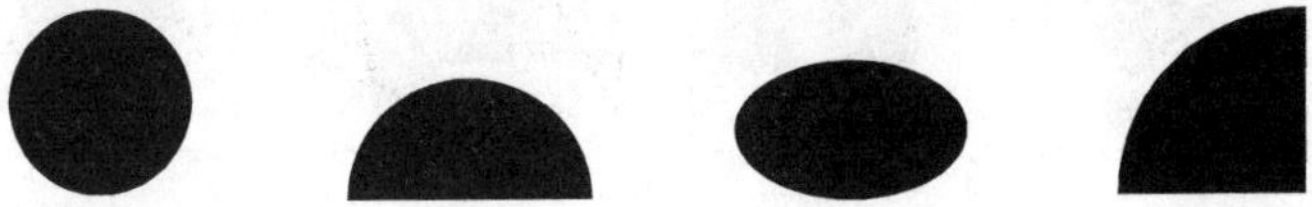

a b c d

❶ 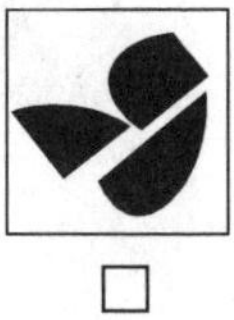

❷ 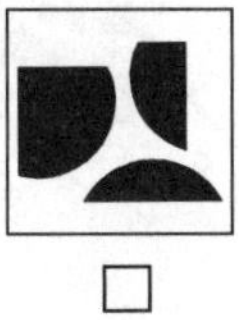

❸ 

❹ 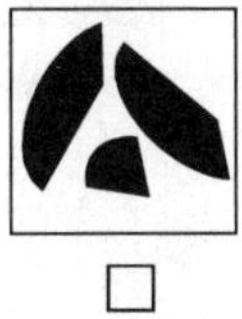

❺ 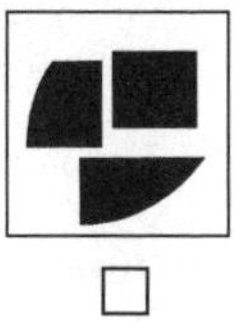

❻ 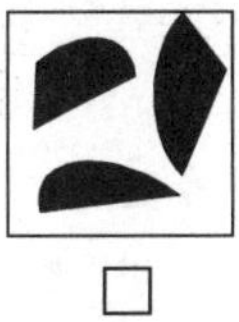

❼ 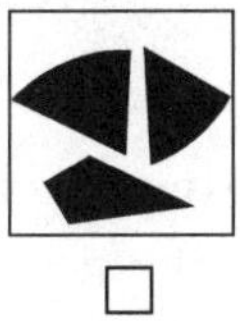

❽ 

❾ 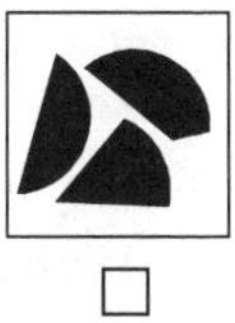

❿ 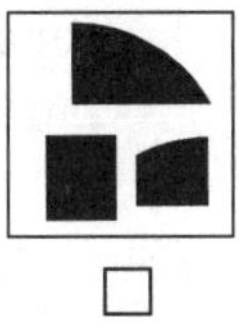

⓫ 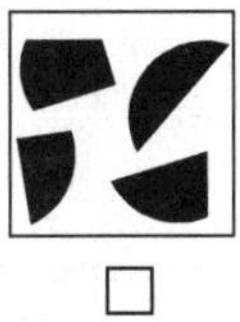

⓬ 

a b c d

⓭ 

⓮ 

⓯ 

⓰ 

➜

17

18

19

20

21

22

23
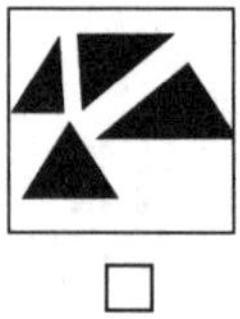
24

Lösungen auf Seite 160

Körper und Faltvorlagen zuordnen

Hier müssen Sie Körper und Faltvorlagen richtig zuordnen. Es ist immer die Außenseite der Faltvorlage zu sehen. Entweder müssen Sie zu einer Faltvorlage den passenden Körper finden oder zu einem Körper die passende Faltvorlage.

Beispiel:

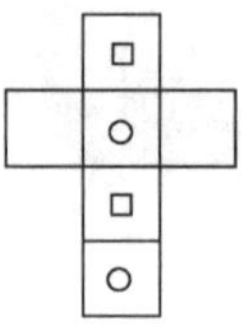

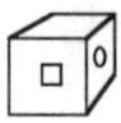
a

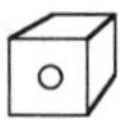
b

c

d

Lösung: a

Für die folgenden Aufgaben haben Sie zehn Minuten Zeit.

❶

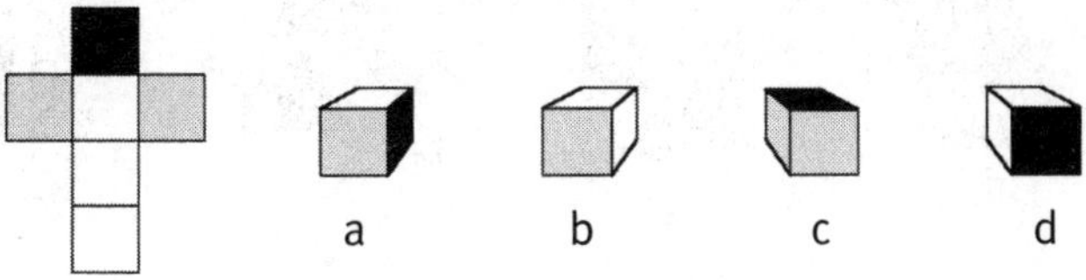

❷

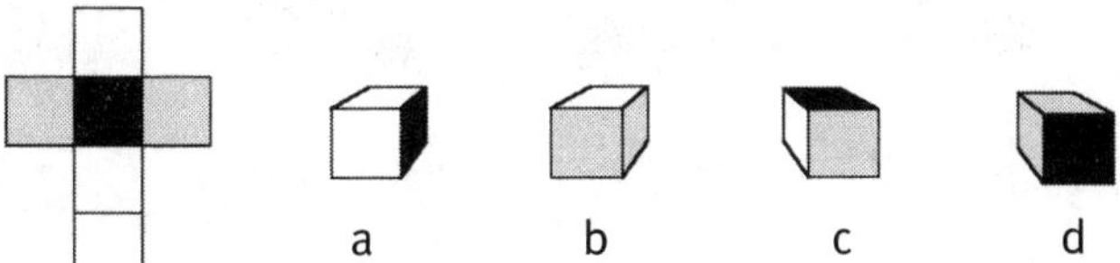

❸

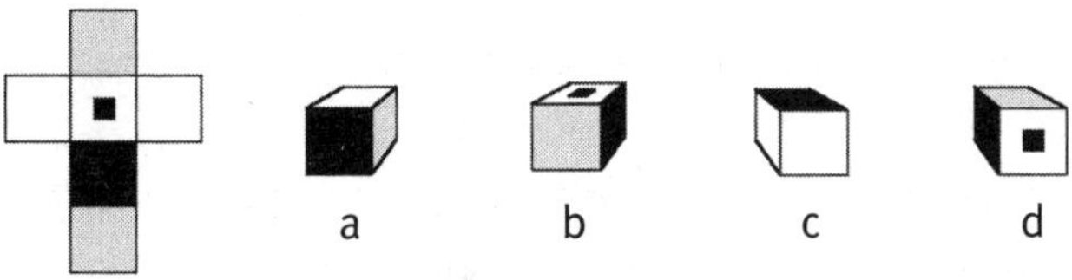

❹

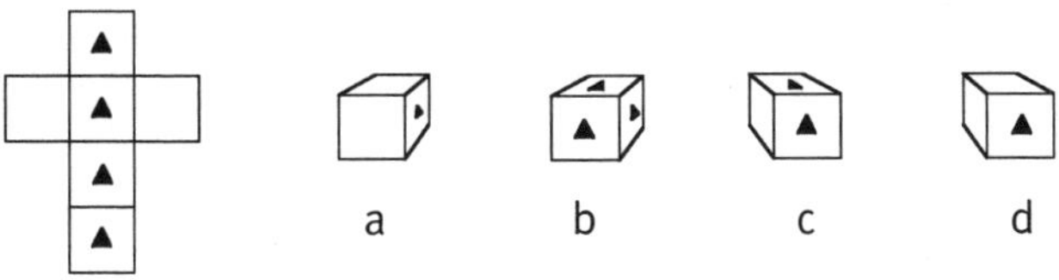

➜

5

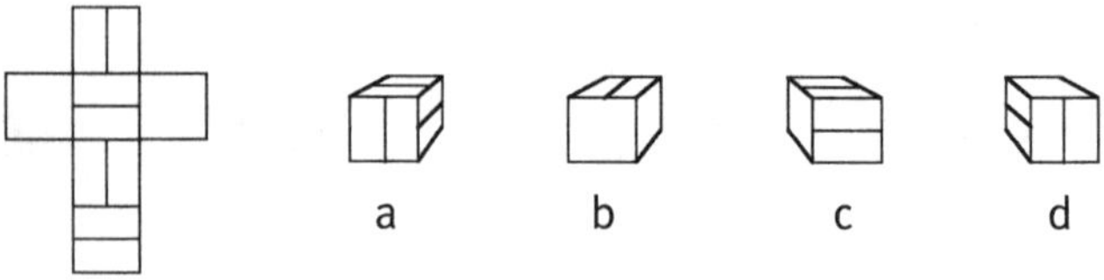

6

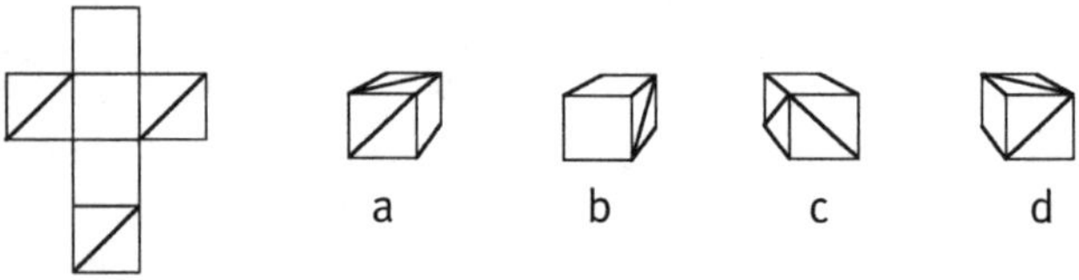

7

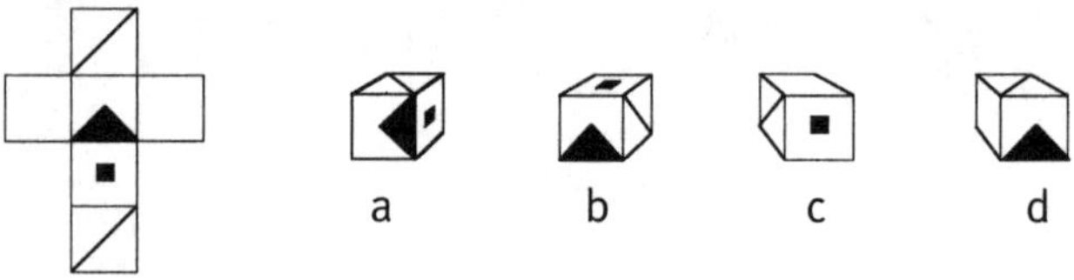

8

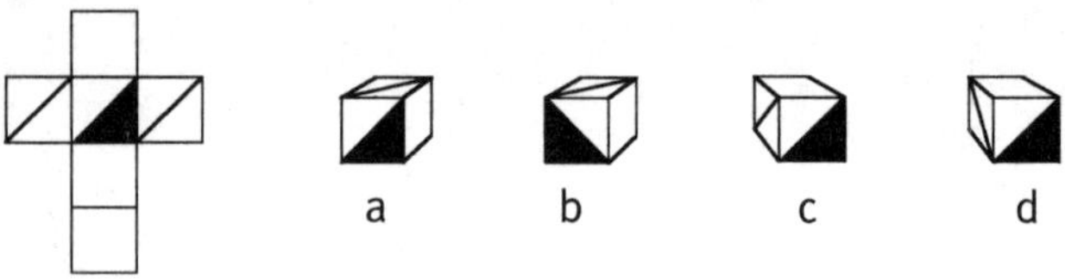

9

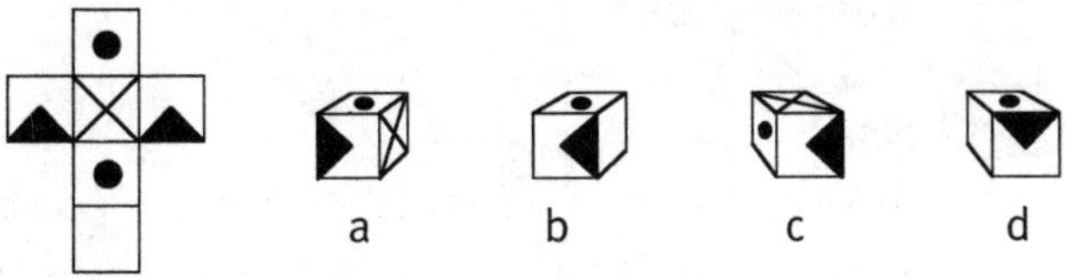

10

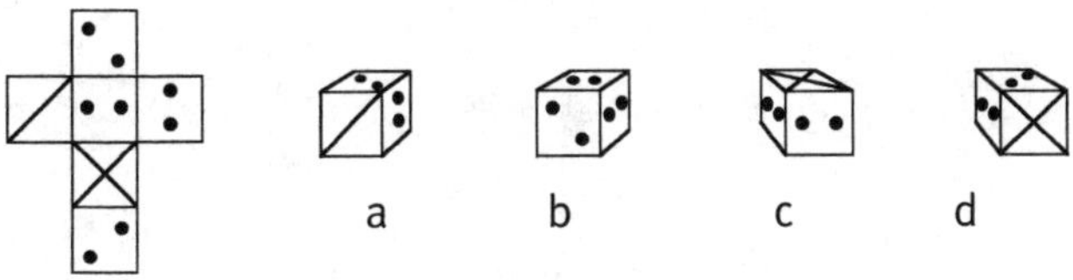

11

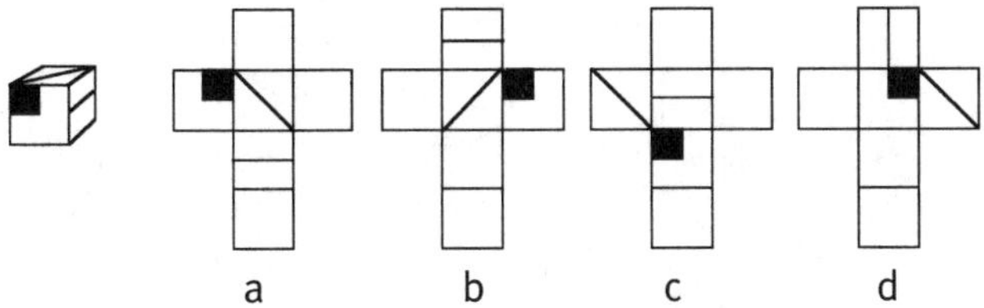

12

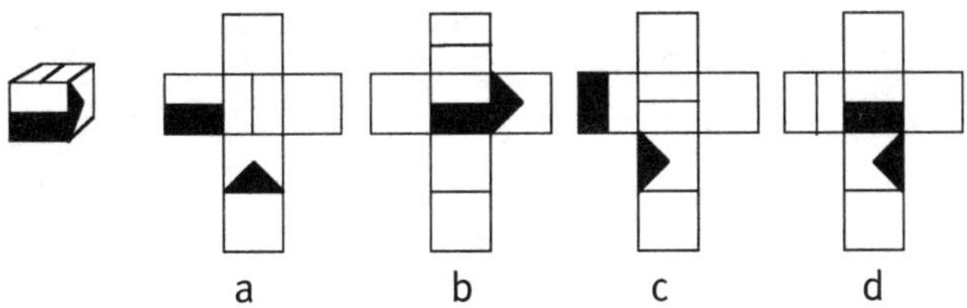

13

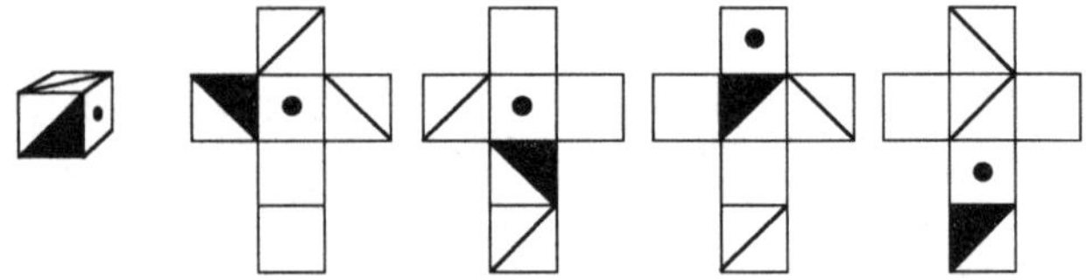

a b c d

14

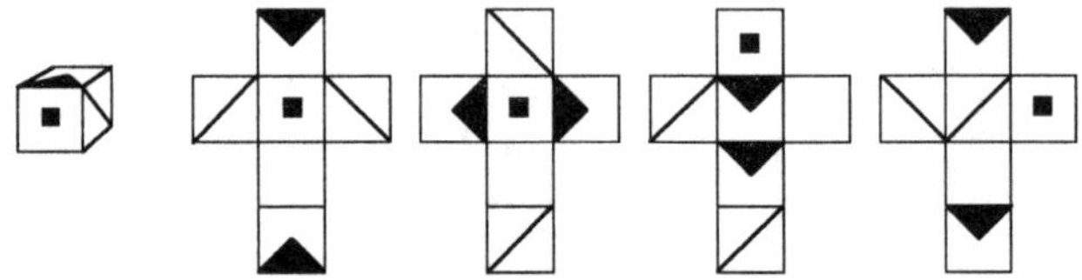

a b c d

15

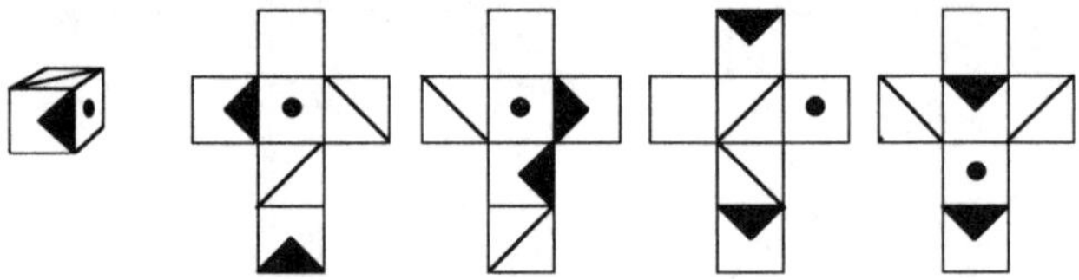

a b c d

16

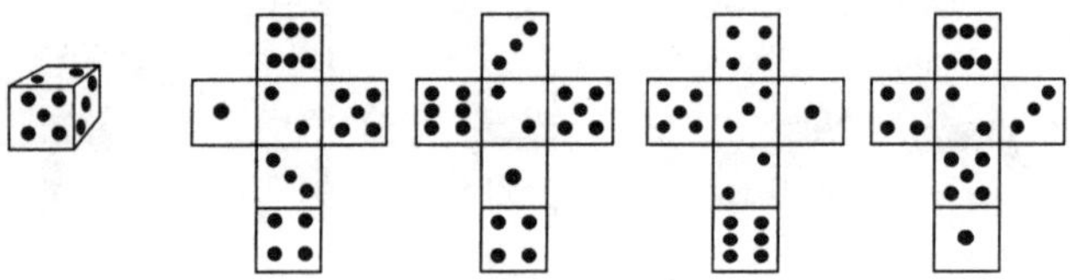

a b c d

17

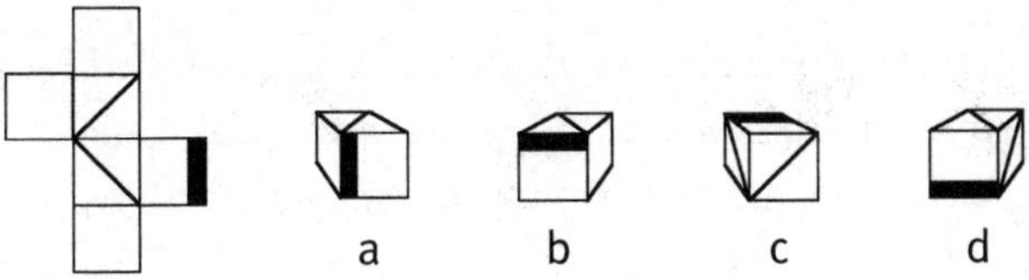

a b c d

18

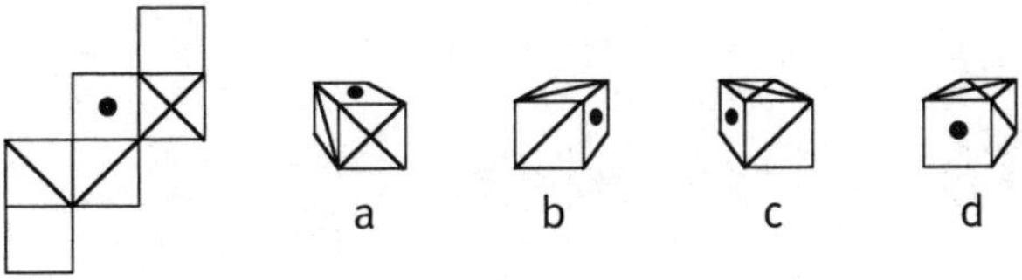

a b c d

19

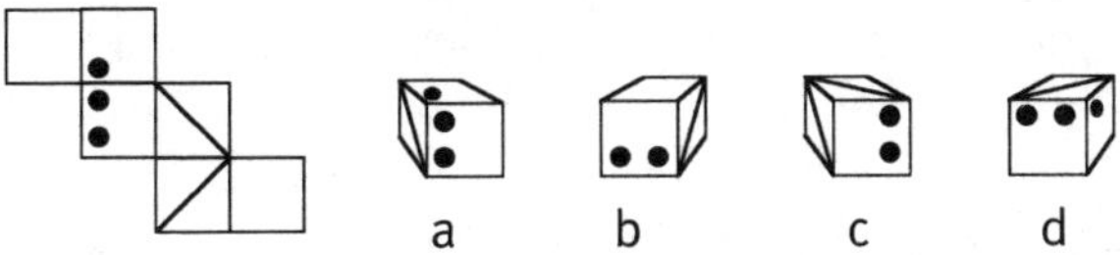

a b c d

20

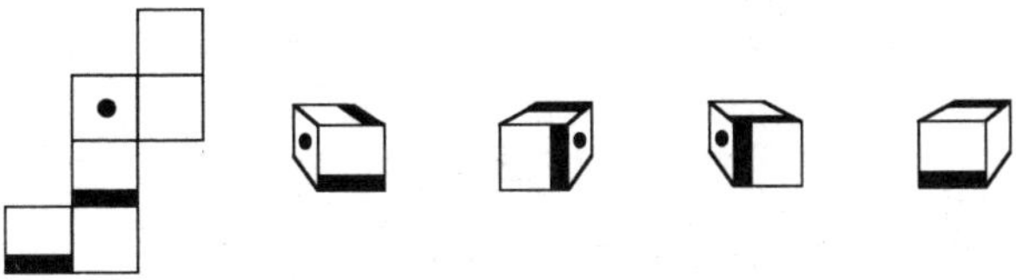

Lösungen auf Seite 160

Würfelauswahl

Hier müssen Sie den zum vorgegebenen Musterwürfel passenden Würfel finden. Der Würfel kann gedreht, gekippt oder gedreht *und* gekippt sein, wobei auch eine neue Seite sichtbar werden kann. Alle sechs Seiten eines Würfels sind verschieden.

Beispiel:

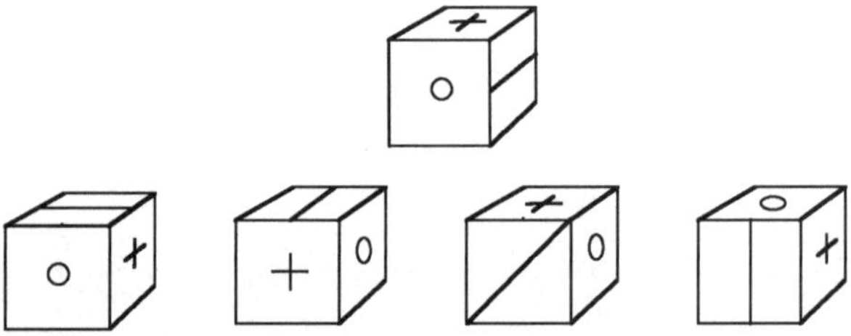

a b c d

Lösung: d

Für die folgenden Aufgaben haben Sie fünf Minuten Zeit.

❶

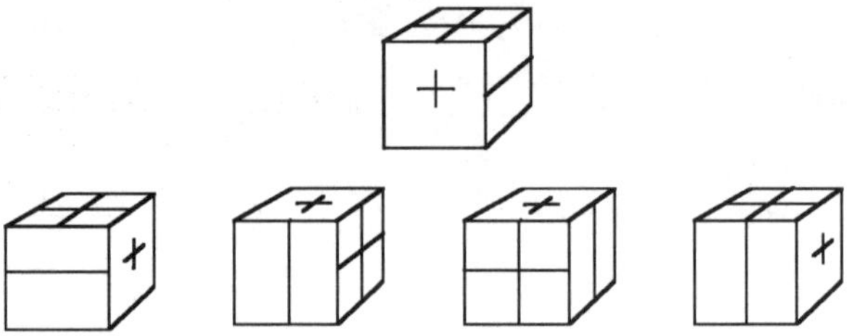

a b c d

❷

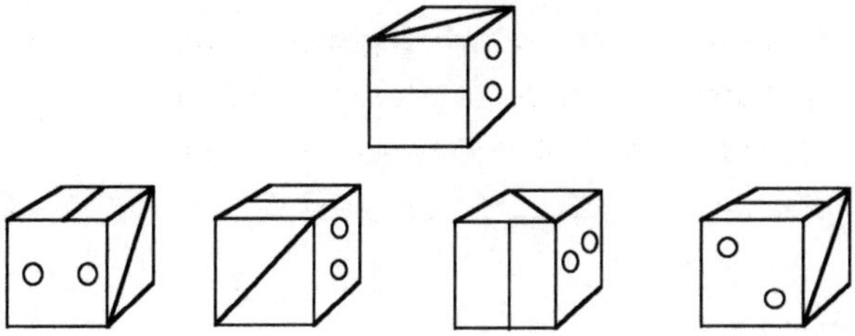

a b c d

❸

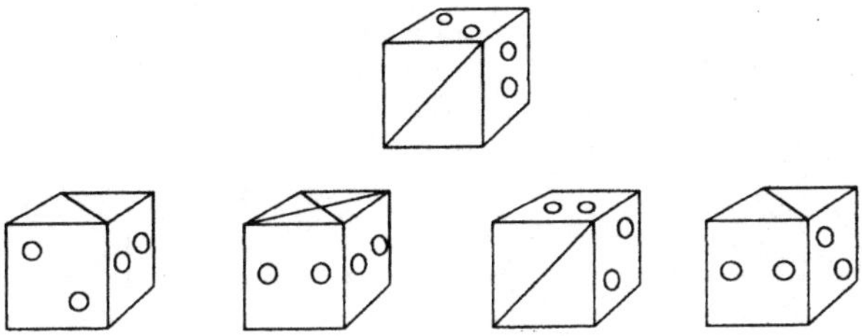

a b c d

❹

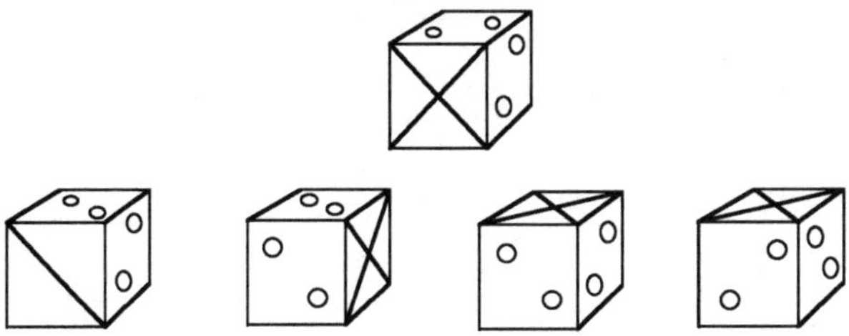

a b c d

➜

❺

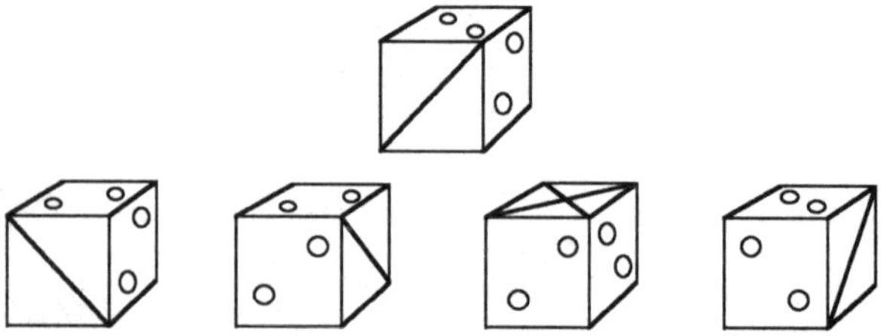

a b c d

❻

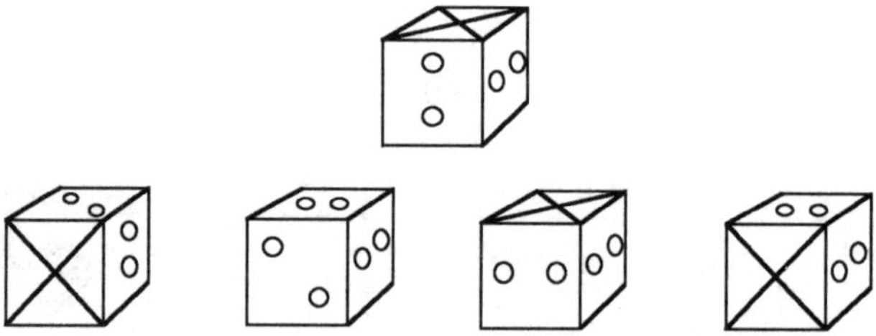

a b c d

❼

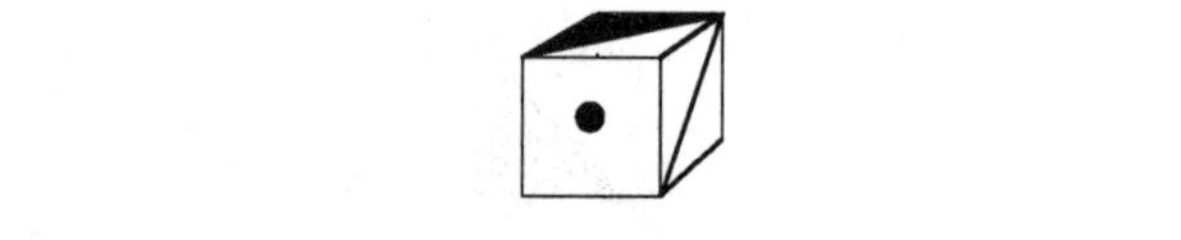

a b c d

8

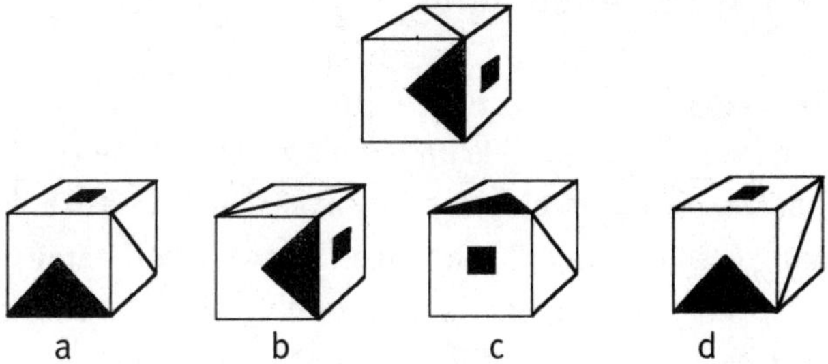

9

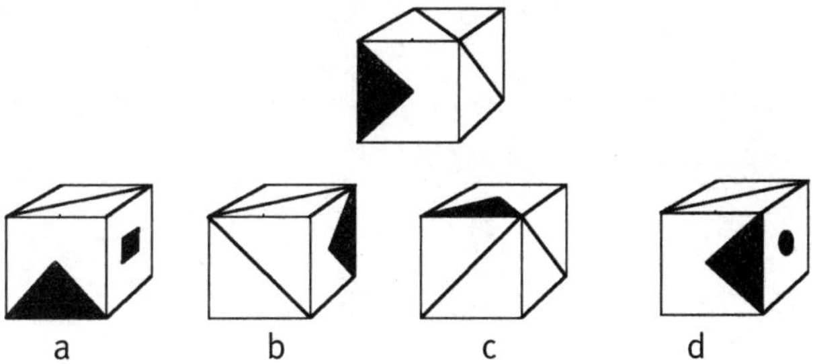

10

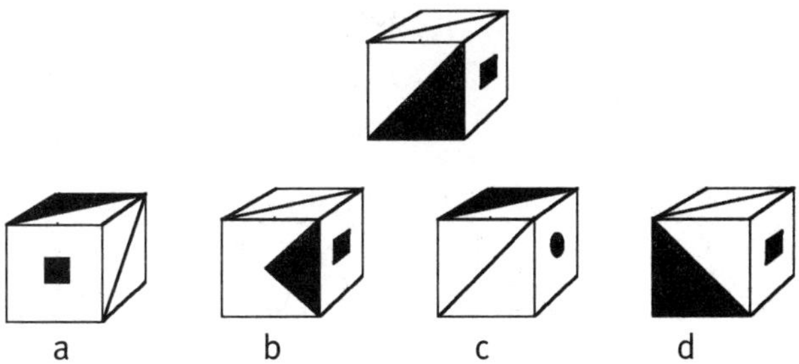

Lösungen auf Seite 160

Technisches Verständnis

Alltagsphysik

Hier müssen Sie alltägliche physikalisch-technische Probleme lösen. Dazu werden einfache physikalische oder technische Vorgänge anhand von Zeichnungen oder Skizzen dargestellt. Zum Lösen der Aufgaben sind grundlegende physikalische Kenntnisse von Vorteil, sie lassen sich aber auch mit logischem Denken lösen.

Beispiel:

Welcher Schraubendreher ist zum Lösen einer fest sitzenden Schraube am besten geeignet?

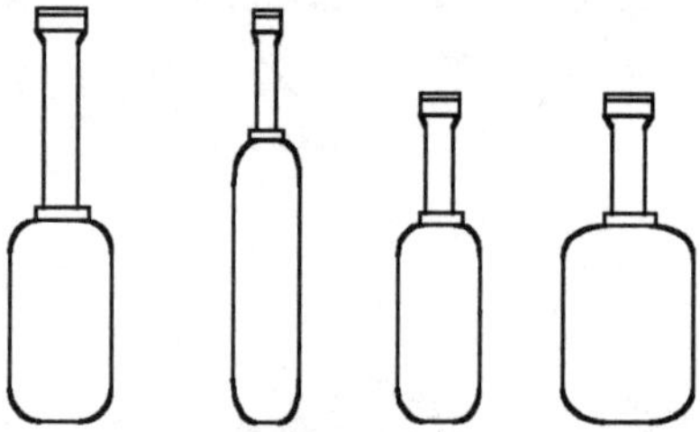

a b c d

Lösung: d

Für die folgenden Aufgaben haben Sie sechs Minuten Zeit.

❶ **Wie schnell dreht sich Rad B, wenn Rad A mit einer bestimmten Geschwindigkeit angetrieben wird?**

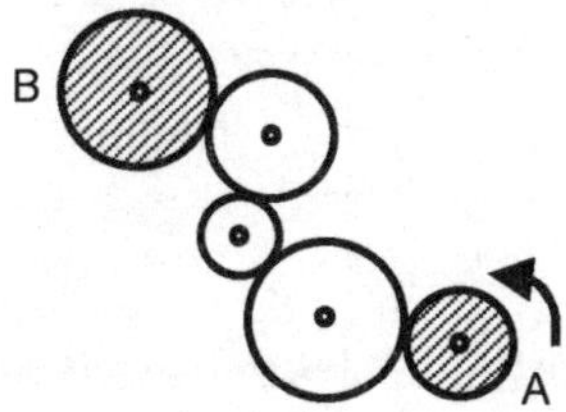

a) schneller als A
b) langsamer als A
c) gleich schnell
d) Rad B dreht sich nicht

❷ **Mit welchem Schraubenschlüssel lässt sich die Schraube am besten fest anziehen?**

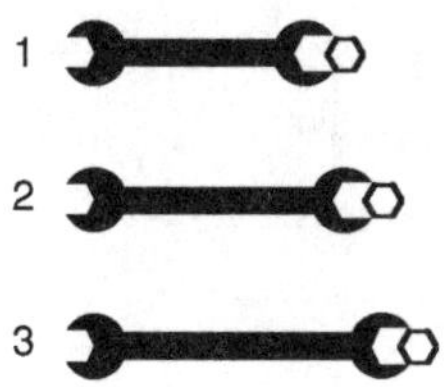

a) 1
b) 2
c) 3
d) kein Unterschied

❸ **Eine dicke Pappe soll zerschnitten werden. Welche Schere eignet sich dafür am besten?**

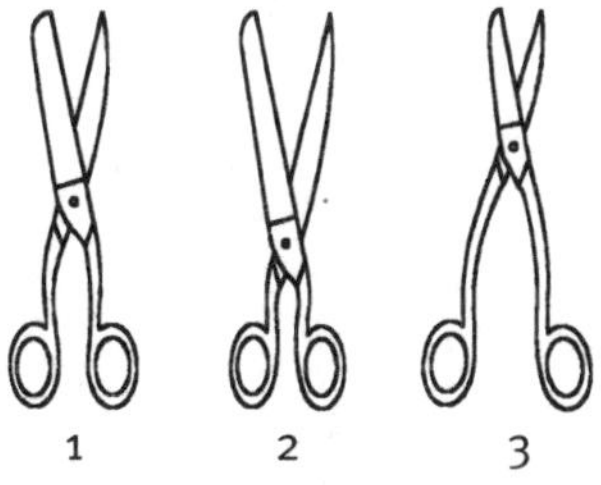

a) Schere 1
b) Schere 2
c) Schere 3
d) kein Unterschied

→

❹ Wo muss man das 1-kg-Gewicht aufhängen, damit Gleichgewicht herrscht?

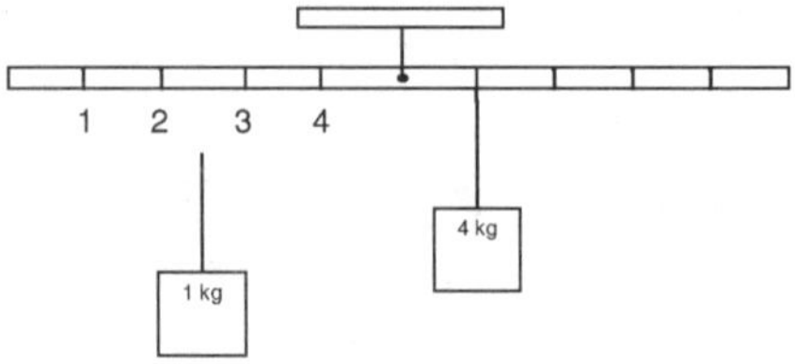

a) bei 1
b) bei 2
c) bei 3
d) bei 4

❺ Ein schwerer Stein soll mit Hilfe einer Stange bewegt werden. Bei welchem System braucht man am wenigsten Kraft?

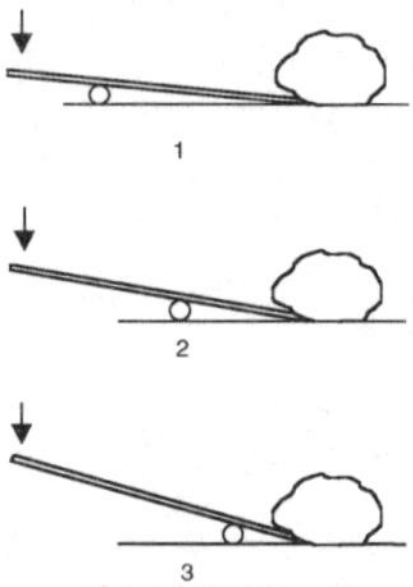

a) System 1
b) System 2
c) System 3
d) kein Unterschied

❻ Welches Stahlträgerprofil ist für eine starke Belastung am besten geeignet?

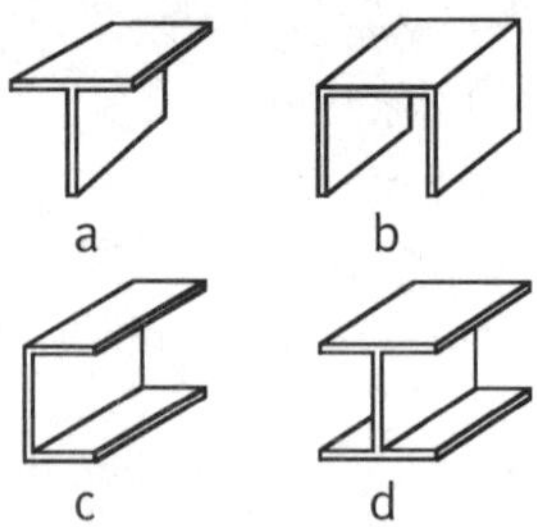

7 Welcher der vier Rahmen ist am stabilsten verstrebt?

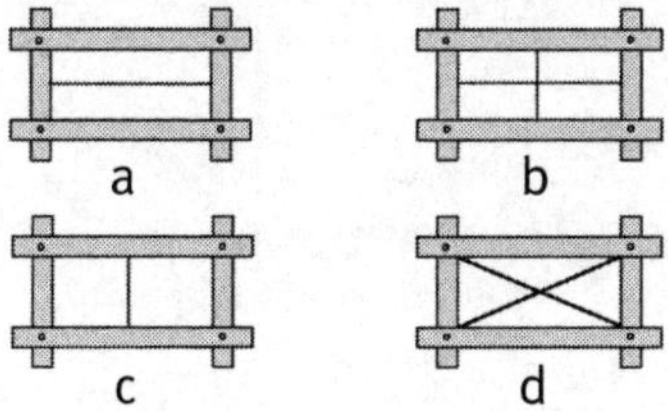

8 Mit welcher Steuervorrichtung kann man das Boot leichter lenken?

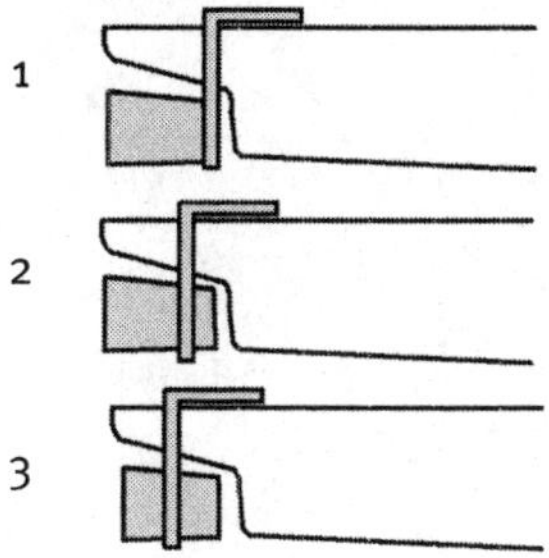

a) 1
b) 2
c) 3
d) kein Unterschied

9 Die Wasserräder werden unterschiedlich angetrieben. Welches System liefert die meiste Kraft?

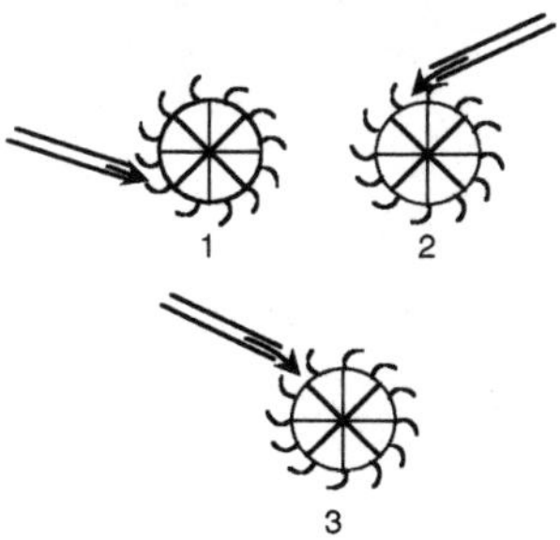

a) System 1
b) System 2
c) System 3
d) kein Unterschied

➜

⑩ Welche Staumauer ist am zweckmäßigsten gebaut?

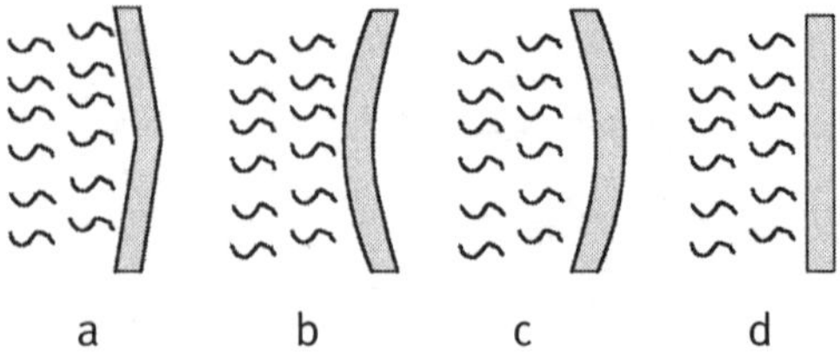

⑪ Bei welcher Kombination aus Strömung und Ruderstellung bewegt sich das Boot geradeaus?

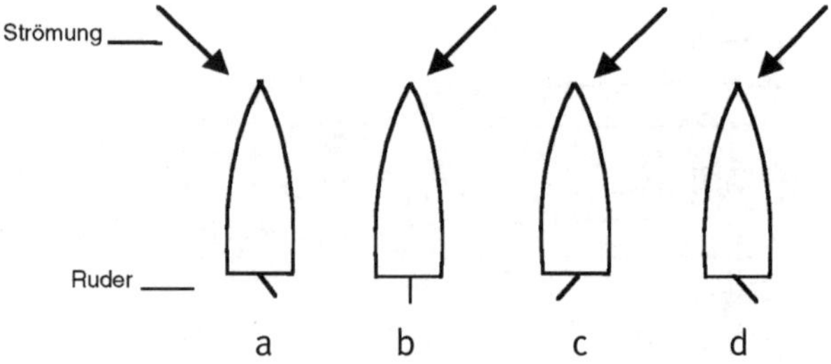

⑫ Eine Kugel wird im Kreis geschleudert. In welche Richtung fliegt die Kugel, wenn man sie bei X loslässt?

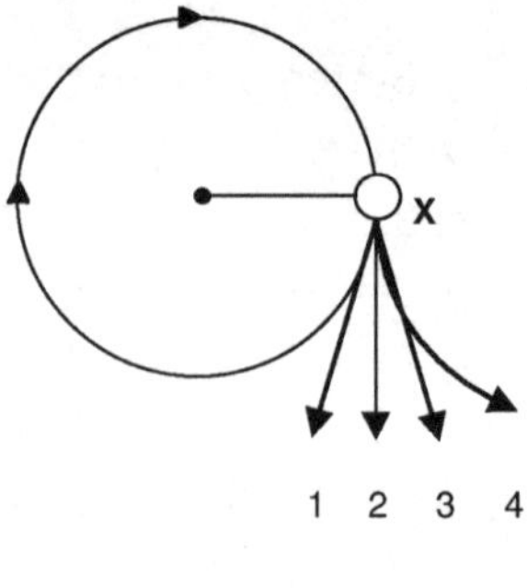

a) 1
b) 2
c) 3
d) 4

13 Wo befindet sich Punkt X nach einer Umdrehung des Rades?

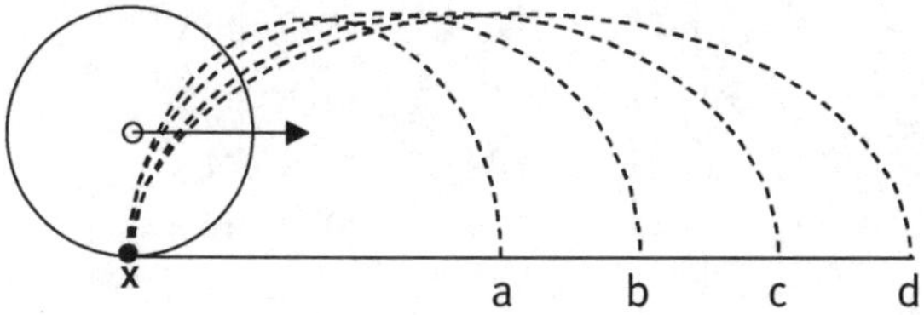

14 Welche Kompassnadel um den abgebildeten Stabmagneten hat die falsche Stellung?

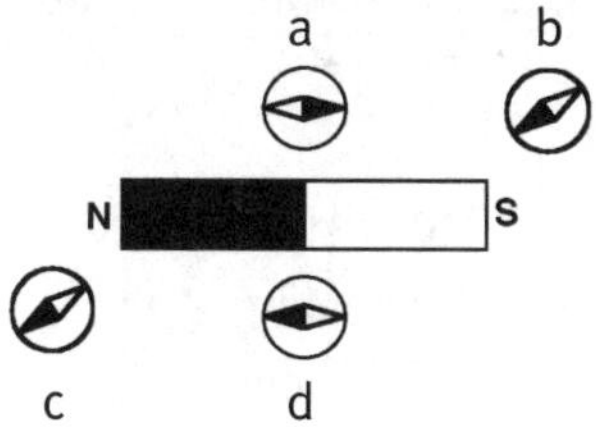

15 Bei welcher Stellung des Wagenhebers braucht man die meiste Kraft?

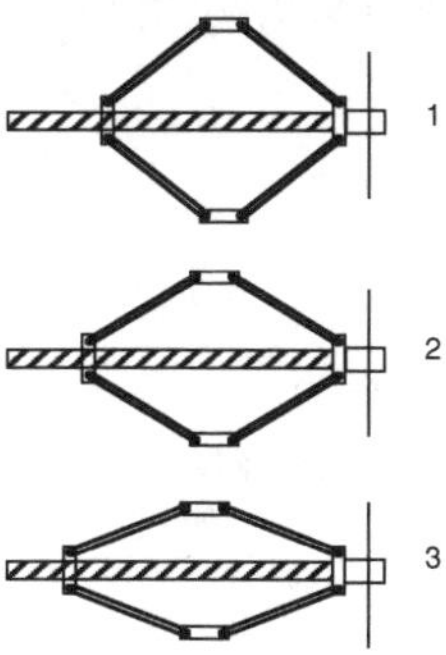

a) 1
b) 2
c) 3
d) kein Unterschied

➜

⑯ Ein Lichtstrahl geht durch die dargestellte Linse. Welcher austretende Strahl ist richtig gezeichnet?

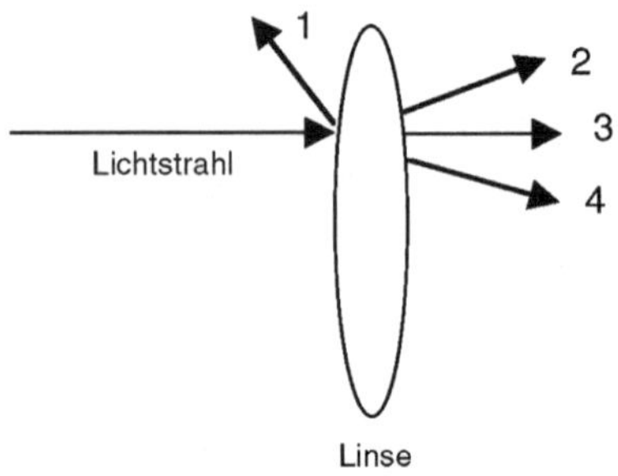

a) Strahl 1
b) Strahl 2
c) Strahl 3
d) Strahl 4

⑰ Bei welchem System kann man das Gewicht mit der geringsten Kraft hochziehen?

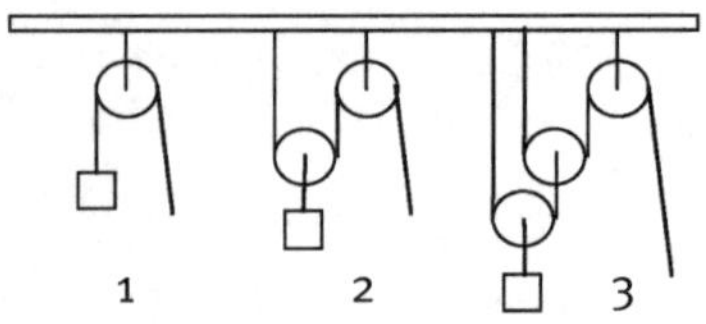

a) System 1
b) System 2
c) System 3
d) kein Unterschied

⑱ Ein Gewicht wird langsam ins Wasser eingetaucht. Bei welcher Tiefe ist der Ausschlag der Federwaage am geringsten?

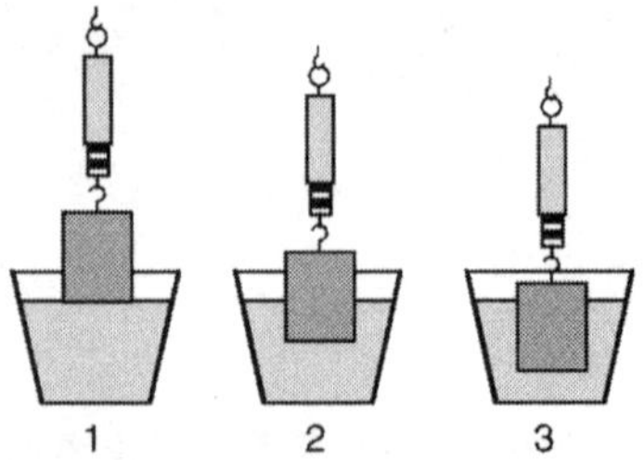

a) bei 1
b) bei 2
c) bei 3
d) kein Unterschied

⓳ Am Punkt X werden aus einem Flugzeug Vorräte abgeworfen. Auf welcher Bahn fallen sie auf die Erde?

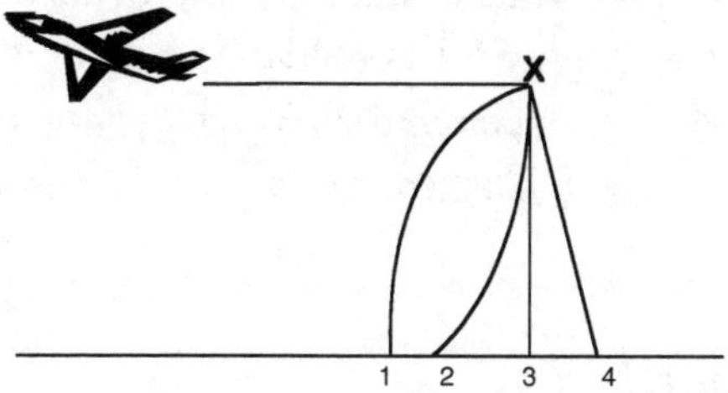

a) 1
b) 2
c) 3
d) 4

⓴ Was passiert, wenn die Kugel 6 auf Kugel 5 aufprallt?

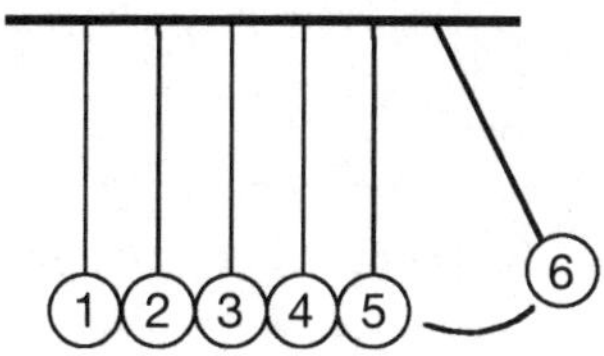

a) Alle Kugeln bewegen sich nach links.
b) Nur Kugel 1 bewegt sich nach links.
c) Kugel 6 prallt zurück, die anderen bewegen sich nach links.
d) Kugel 6 prallt zurück, die anderen bewegen sich nicht.

Lösungen auf Seite 161

Merkfähigkeit

Bei den folgenden Tests dreht sich alles um Ihre Gedächtnisleistungen. Sie müssen etwas auswendig lernen und anschließend wiedergeben. Dabei wird überprüft, wie gut Sie Begriffe, Texte, Bilder und Ähnliches kurzfristig behalten können.

Was war nicht dabei?

Prägen Sie sich die Inhalte der Felder gut ein. Sie haben dafür 30 Sekunden Zeit. Decken Sie anschließend die Felder mit einem Blatt Papier ab, und beantworten Sie die Frage.

Beispiel:

Italien	Finnland	Schweiz	Portugal
Elbe	Donau	Ruhr	Main
Augsburg	Bremen	Münster	Leipzig

Abdecken! Was war nicht dabei?

a) Elbe **b)** Bremen **c)** Rhein **d)** Schweiz

Lösung: c

❶ Prägen Sie sich die Inhalte der Felder 30 Sekunden lang gut ein, und decken Sie dann ab.

D	A	Z	G
E	F	S	L
I	B	H	N

Abdecken! Was war nicht dabei?
Zeit: 10 Sekunden

a) X **b)** E **c)** S **d)** H

❷ Prägen Sie sich die Inhalte der Felder 30 Sekunden lang gut ein, und decken Sie sie dann ab.

Dresden	Hamburg	Frankfurt	Stuttgart
Heidelberg	Rostock	Bremen	Wien
München	Zürich	Köln	Lübeck

Abdecken! Was war nicht dabei?
Zeit: 10 Sekunden

a) Rostock **b)** Wien **c)** Dresden **d)** Berlin

➜

❸ Prägen Sie sich die Inhalte der Felder 30 Sekunden lang gut ein, und decken Sie sie dann ab.

Abdecken! Was war nicht dabei?

Zeit: 10 Sekunden

a)  b)  c)  d) 

❹ Prägen Sie sich die Inhalte der Felder 30 Sekunden lang gut ein, und decken Sie sie dann ab.

1	9	3	7
16	12	14	19
20	23	28	27

Abdecken! Was war nicht dabei?

a) 12 b) 13 c) 28 d) 9

❺ Prägen Sie sich die Inhalte der Felder 30 Sekunden lang gut ein, und decken Sie sie dann ab.

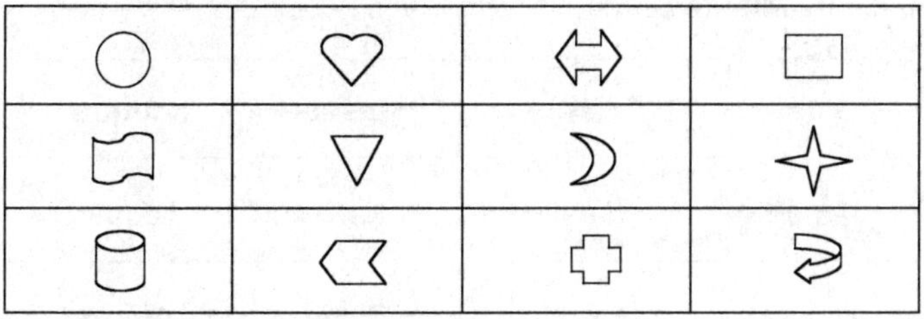

Abedecken! Was war nicht dabei?

Zeit: 10 Sekunden

a **b** **c** **d**

Lösungen auf Seite 161

Begriffe merken

Prägen Sie sich die folgenden Tierarten gut ein. Dafür haben Sie eine Minute Zeit.

Vögel	Fische	Haustiere	Raubtiere
Blaumeise	Aal	Katze	Leopard
Drossel	Forelle	Ziege	Marder
Taube	Rotbarsch	Huhn	Eisbär
Uhu	Wels	Schwein	Panther

Beispiel: In welcher Kategorie steht das Wort mit dem Anfangsbuchstaben »P«?

a) Vögel b) Fische c) Haustiere d) Raubtiere

Lösung: d. Panther gehört in die Kategorie Raubtiere.

Decken Sie jetzt die Tabelle ab, und beantworten Sie die folgenden Fragen. Sie haben dafür eine Minute Zeit.

❶ In welcher Kategorie steht das Wort mit dem Anfangsbuchstaben »H«?

a) Vögel b) Fische c) Haustiere d) Raubtiere

❷ In welcher Kategorie steht das Wort mit dem Anfangsbuchstaben »E«?

a) Vögel b) Fische c) Haustiere d) Raubtiere

❸ In welcher Kategorie steht das Wort mit dem Anfangsbuchstaben »W«?
a) Vögel b) Fische c) Haustiere d) Raubtiere

❹ In welcher Kategorie steht das Wort mit dem Anfangsbuchstaben »M«?
a) Vögel b) Fische c) Haustiere d) Raubtiere

❺ In welcher Kategorie steht das Wort mit dem Anfangsbuchstaben »S«?
a) Vögel b) Fische c) Haustiere d) Raubtiere

Sie haben eine Minute Zeit, die folgenden Pflanzen auswendig zu lernen.

Bäume	**Blumen**	**Kräuter**	**Pilze**
Ulme	Veilchen	Eisenkraut	Steinpilz
Ahorn	Rose	Kamille	Pfifferling
Tanne	Dahlie	Hopfen	Champignon
Linde	Nelke	Baldrian	Fliegenpilz

Decken Sie jetzt die Tabelle ab, und beantworten Sie folgende Fragen. Dafür haben Sie eine Minute Zeit.

→

❻ In welcher Kategorie steht das Wort mit dem Anfangsbuchstaben »V«?

a) Bäume b) Blumen c) Kräuter d) Pilze

❼ In welcher Kategorie steht das Wort mit dem Anfangsbuchstaben »B«?

a) Bäume b) Blumen c) Kräuter d) Pilze

❽ In welcher Kategorie steht das Wort mit dem Anfangsbuchstaben »D«?

a) Bäume b) Blumen c) Kräuter d) Pilze

❾ In welcher Kategorie steht das Wort mit dem Anfangsbuchstaben »C«?

a) Bäume b) Blumen c) Kräuter d) Pilze

❿ In welcher Kategorie steht das Wort mit dem Anfangsbuchstaben »T«?

a) Bäume b) Blumen c) Kräuter d) Pilze

Lösungen auf Seite 161

Zitate merken

❶ Prägen Sie sich die folgenden Zitate und Verfasser gut ein. Sie haben dafür 90 Sekunden Zeit. Blättern Sie anschließend um, und lösen Sie die Aufgabe.

Johann Wolfgang von Goethe

Niemand weiß,
wie weit seine
Kräfte gehen, bis er
sie versucht hat.

Ernest Hemingway

Es dauert drei Jahre um
Sprechen zu erlernen,
Schweigen hingegen
50 Jahre.

Oscar Wilde

Ehrgeiz ist die
letzte Zuflucht
des Versagers.

Wilhelm Busch

Aber hier, wie
überhaupt,
kommt es anders,
als man glaubt.

→

Tragen Sie nun die fehlenden Namen und Zitate ein.

Johann Wolfgang von Goethe

Es dauert drei Jahre um Sprechen zu erlernen, Schweigen hingegen 50 Jahre.

Wilhelm Busch

Ehrgeiz ist die letzte Zuflucht des Versagers.

❷ Prägen Sie sich die folgenden Zitate und Verfasser gut ein. Sie haben dafür 90 Sekunden Zeit. Blättern Sie anschließend um.

Augustinus

> Nur wer selbst brennt, kann Feuer in anderen entfachen.

Voltaire

> Je öfter eine Dummheit wiederholt wird, desto mehr bekommt sie den Anschein der Klugheit.

Konfuzius

> Um an die Quelle zu kommen, muss man gegen den Strom schwimmen.

Laotse

> Ein Wissender redet nicht, ein Redender weiß nicht.

➜

Tragen Sie nun die fehlenden Namen und Zitate ein.

Konfuzius

Ein Wissender redet nicht, ein Redender weiß nicht.

Voltaire

Nur wer selbst brennt, kann Feuer in anderen entfachen.

❸ Prägen Sie sich die folgenden Zitate und Verfasser gut ein. Sie haben dafür 90 Sekunden Zeit. Blättern Sie anschließend um.

Arthur Schopenhauer

Viele verlieren den Verstand deshalb nicht, weil sie keinen haben.

Friedrich Dürrenmatt

Je planmäßiger ein Mensch vorgeht, desto wirksamer vermag ihn der Zufall zu treffen.

William Shakespeare

An sich ist nichts weder gut noch böse, das Denken macht es erst dazu.

Theodor Fontane

Ein guter Spruch ist die Wahrheit eines ganzen Buches in einem einzigen Satz.

➜

Tragen Sie nun die fehlenden Namen und Zitate ein.

Je planmäßiger ein Mensch vorgeht, desto wirksamer vermag ihn der Zufall zu treffen.

Theodor Fontane

An sich ist nichts weder gut noch böse, das Denken macht es erst dazu.

Arthur Schopenhauer

Reihenfolge merken

Prägen Sie sich die beiden Reihen 30 Sekunden lang ein, und beantworten Sie dann die Fragen auf der nächsten Seite.

❶	💾	☎	🕮	🖂	✂	🗀	😐
	1	2	3	4	5	6	7

❷	💾	🕮	🖂	✂	🗀	☎	😐
	1	2	3	4	5	6	7

Prägen Sie sich die beiden Reihen 30 Sekunden lang ein, und beantworten Sie dann die Fragen auf der nächsten Seite.

❸	☎	💾	✂	😐	🖂	🗀	🕮
	1	2	3	4	5	6	7

❹	🖂	🕮	💾	🗀	😐	✂	☎
	1	2	3	4	5	6	7

Prägen Sie sich die beiden Reihen 30 Sekunden lang ein, und beantworten Sie dann die Fragen auf der nächsten Seite.

❺	😐	☎	🕮	🖂	✂	🗀	💾
	1	2	3	4	5	6	7

❻	🖂	💾	🕮	☎	🗀	😐	✂
	1	2	3	4	5	6	7

➜

Beantworten Sie die Fragen, und kreuzen Sie an.

❶ An welcher Position befindet sich das Telefon?

☐ 1 ☐ 2 ☐ 3 ☐ 4 ☐ 5 ☐ 6 ☐ 7

❷ An welcher Position befindet sich die Schere?

☐ 1 ☐ 2 ☐ 3 ☐ 4 ☐ 5 ☐ 6 ☐ 7

❸ An welcher Position befindet sich das Buch?

☐ 1 ☐ 2 ☐ 3 ☐ 4 ☐ 5 ☐ 6 ☐ 7

❹ An welcher Position befindet sich die Diskette?

☐ 1 ☐ 2 ☐ 3 ☐ 4 ☐ 5 ☐ 6 ☐ 7

❺ An welcher Position befindet sich das Ordnersymbol?

☐ 1 ☐ 2 ☐ 3 ☐ 4 ☐ 5 ☐ 6 ☐ 7

❻ An welcher Position befindet sich der Briefumschlag?

☐ 1 ☐ 2 ☐ 3 ☐ 4 ☐ 5 ☐ 6 ☐ 7

Adressen merken

Sie haben für jede der beiden Aufgaben drei Minuten Zeit, um sich sechs Adressen einzuprägen. Konzentrieren Sie sich immer nur auf eine Aufgabe. Blättern Sie anschließend um, und bearbeiten Sie die Aufgaben.

❶

Autohaus Schneider Planetenfeldstraße 13 44865 Bochum	Reisebüro Dannert Brückenweg 12 48153 Münster
Andrea Lehmann Düsseldorfer Straße 5 44143 Dortmund	Julia Müller Lohkamp 43 44649 Herne
Werner Winterkamp In der Heide 6 53819 Neunkirchen	Martin Neuhaus Kanalstraße 32 45731 Waltrop

❷

Familie Höppner Mühlenstraße 12 72075 Tübingen	Dr. Ingo Ritter Kastanienallee 2 58431 Witten
Anwaltskanzlei Rethmann & Tappert Einsteinweg 8 49029 Osnabrück	Martina Schröder Sonnenschein 45 42349 Wuppertal
Einhorn-Apotheke Alter Markt 8 50126 Bergheim	Matthias Schreiber Hohe Straße 33 81665 München

➜

Tragen Sie jetzt die fehlenden Angaben aus dem Gedächtnis ein!

❶

Reisebüro Dannert __________ 12 48153 Münster	Autohaus ________ Planetenfeldstraße 13 44865 Bochum
Julia Müller __________ 43 44649 Herne	Andrea _________ Düsseldorfer Straße 5 44143 Dortmund
Martin Neuhaus Kanalstraße 32 45731 ________	_______ Winterkamp In der Heide 6 53819 Neunkirchen

❷

Dr. Ingo Ritter Kastanienallee 2 58431 ___________	______ Höppner Mühlenstraße 12 72075 Tübingen
Martina Schröder _________ 45 42349 Wuppertal	Anwaltskanzlei Rethmann & ________ Einsteinweg 8 49029 Osnabrück
________ Schreiber Hohe Straße 33 81665 München	_____________ Alter Markt 8 50126 Bergheim

Texte einprägen

Sie haben zwei Minuten Zeit, um sich die beiden unten stehenden Texte einzuprägen. Blättern Sie anschließend um, und beantworten Sie die Fragen.

Text A:

Überfall auf Tankstelle

Drei maskierte Männer überfielen am Sonntag gegen 6.30 Uhr morgens die Tankstelle an der Kiefernstraße in Marten. Das Trio betrat die Geschäftsräume und zwang den 28-jährigen Kassierer unter Vorhalt einer Pistole, sich auf den Boden zu legen. Anschließend entwendeten die Täter 2400 Euro aus der Kasse und 20 Stangen Zigaretten. Auch ein 35-jähriger Kunde, der während des Raubes die Tankstelle betrat, wurde mit der Waffe bedroht und mit dem Kassierer in einen Lagerraum verbracht. Nach Aussage eines Zeugen sind die Täter in einem roten Opel Astra in Richtung Kirchlinde geflüchtet.

Text B:

Wetterbericht

Ein Tief über Jütland lenkt feucht-kühle Luft in den Norden. Besonders an der Küste hält sich vormittags Nebel, und es gibt zeitweise Nieselregen, wobei die Temperaturen unter 15 Grad liegen. Sonst gibt es verbreitet einen Mix aus Sonne und Wolken. Vor allem südlich des Mains ist es meist länger sonnig. Am späten Nachmittag bilden sich vom Erzgebirge über Bayern bis in den Schwarzwald erneut einzelne Schauer und Gewitter, am heftigsten regnet es rund um den Oberpfälzer Wald. Der Wind weht schwach bis mäßig aus Nordwest. Es werden 16 bis 21 Grad erreicht. Die weiteren Aussichten: Es bleibt kühl und regnerisch.

Beantworten Sie nun die folgenden Fragen.

Zu Text A:

❶ **Wann fand der Überfall statt?**

a) Sonntagabend
b) Sonntagmorgen
c) Samstagmorgen
d) Samstagabend

❷ **Wo befindet sich die Tankstelle?**

a) Eichenstraße
b) Buchenstraße
c) Lindenstraße
d) Kiefernstraße

❸ **Wie alt ist der Kassierer?**

a) 36 Jahre
b) 24 Jahre
c) 28 Jahre
d) 32 Jahre

❹ **Welchen Geldbetrag erbeuteten die Räuber?**

a) 1800 Euro
b) 3200 Euro
c) 2500 Euro
d) 2400 Euro

❺ **Welche Farbe hatte das Fluchtauto?**

a) schwarz
b) rot
c) silber
d) blau

❻ **In welche Richtung flüchteten die Täter?**

a) Kirchlinde
b) Kirchharpen
c) Kirchholzen
d) Kirchhörde

Zu Text B:

❼ Woher kommt das Tief?

a) Nordsee
b) Schweden
c) Jütland
d) Ostsee

❽ Wie ist das Wetter an der Küste?

a) Nebel und Nieselregen
b) Schauer und Gewitter
c) Mix aus Sonne und Wolken
d) meist trocken

❾ Wo regnet es nachmittags am heftigsten?

a) Schwarzwald
b) Thüringer Wald
c) Bayerischer Wald
d) Oberpfälzer Wald

❿ Wie ist das Wetter südlich des Mains?

a) meist sonnig
b) wechselhaft
c) bewölkt
d) regnerisch

⓫ Welche Temperaturen werden erreicht?

a) 12–18 Grad
b) 15–20 Grad
c) 16–21 Grad
d) 18–22 Grad

⓬ Wie sind die weiteren Aussichten?

a) wechselhaft
b) kühl und regnerisch
c) Wolken und Sonne
d) freundlich

Lösungen auf Seite 161

Personen merken

Prägen Sie sich die folgenden sechs Gesichter mit Namen, Alter und Beruf gut ein. Sie haben dafür zwei Minuten Zeit. Blättern Sie anschließend um, und lösen Sie die Aufgabe.

Roland Hübner
65 Jahre
Einkaufsleiter

Michael Siewers
58 Jahre
Versicherungskaufmann

Cornelia Hanke
25 Jahre
Zahnarzthelferin

Annett Reiter
29 Jahre
Chemielaborantin

Katharina Braun
28 Jahre
Kfz-Mechanikerin

Martin Reuter
56 Jahre
Elektriker

Tragen Sie nun auf der nächsten Seite aus dem Gedächtnis zu jedem Bild Name, Alter und Beruf ein. Dafür haben Sie zwei Minuten Zeit.

Figuren einprägen

Prägen Sie sich ein, an welcher Stelle sich die schwarzen Flächen befinden. Dafür haben Sie eine Minute Zeit. Blättern Sie anschließend um.

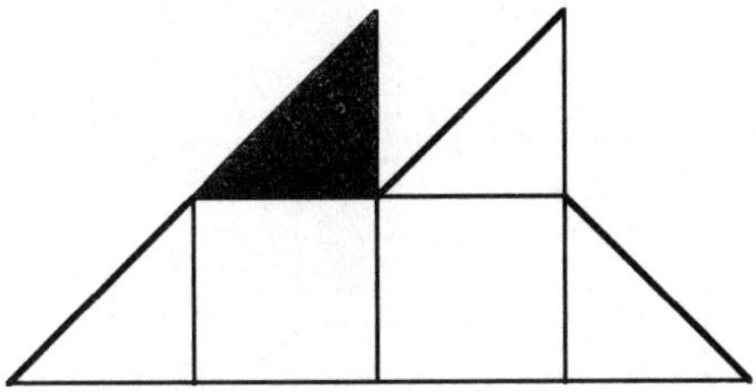

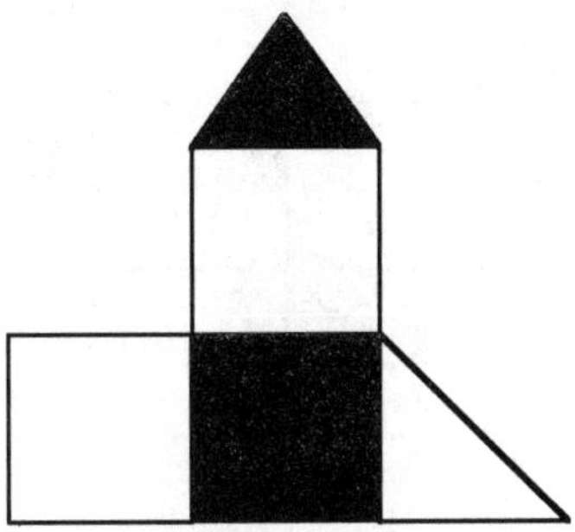

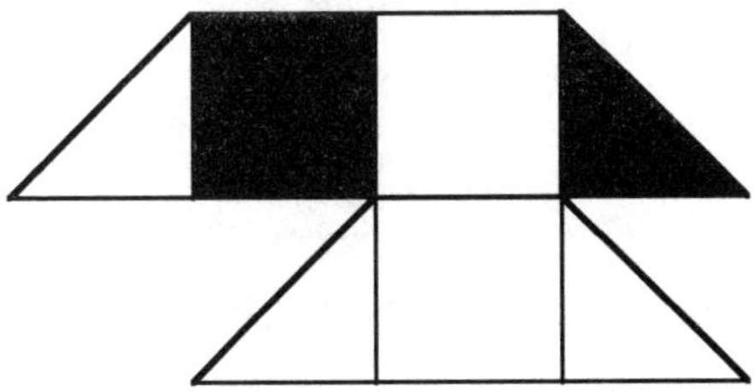

➜

Hier sehen Sie die Figuren, die Sie sich einprägen sollten, in einer anderen Reihenfolge. Die schwarzen Flächen sind nicht eingezeichnet. Die einzelnen Teile der Figur sind mit Buchstaben gekennzeichnet. Markieren Sie die Felder, wo sich die schwarzen Flächen befunden haben.

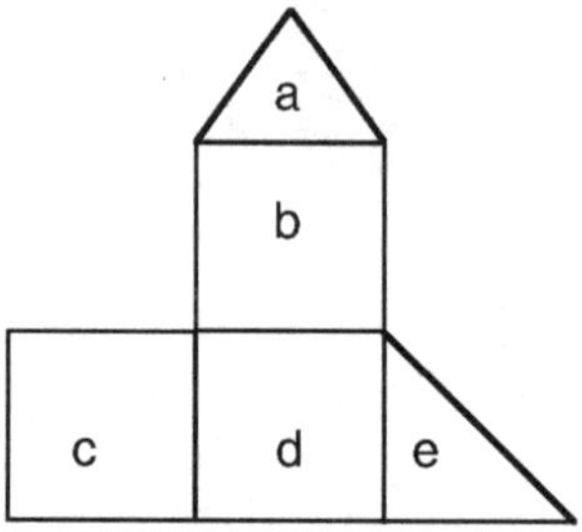

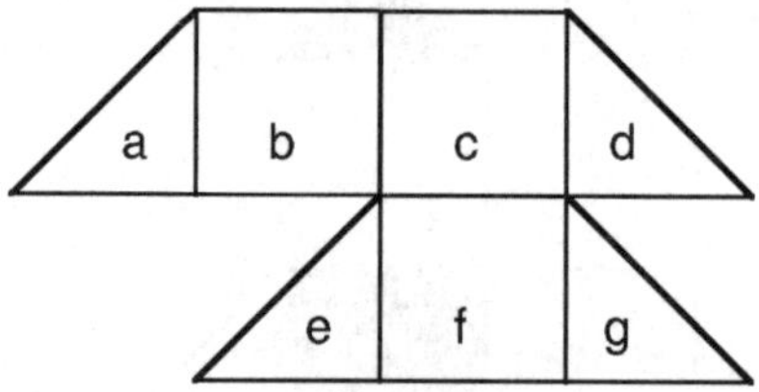

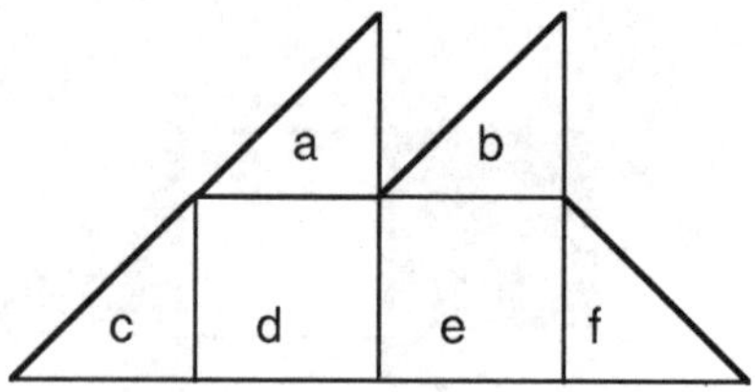

Vergleichen Sie Ihre Lösungen mit den Figuren auf der vorherigen Seite!

Prägen Sie sich die folgenden Figuren ein. Zeitvorgabe: eine Minute.

Blättern Sie anschließend um.

➜

Wo befanden sich die schwarzen Flächen? Markieren Sie die Felder.

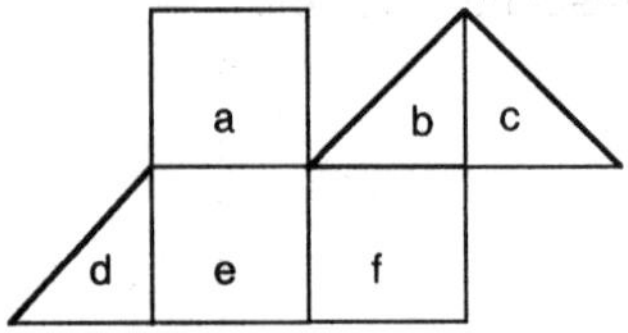

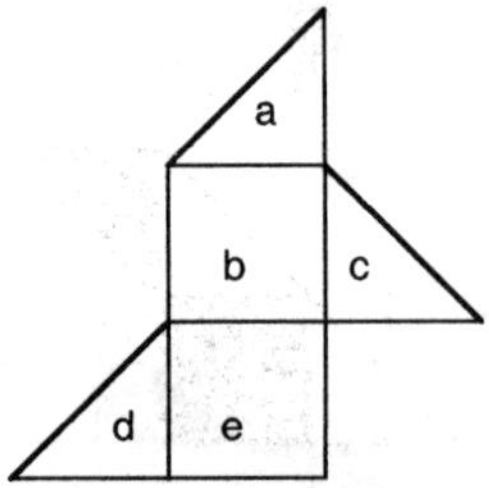

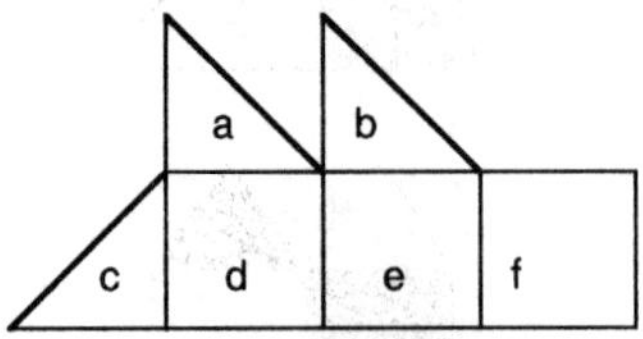

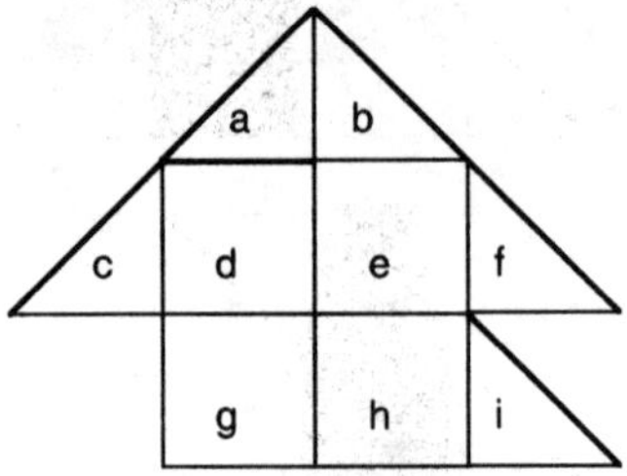

Vergleichen Sie Ihre Lösungen mit den Figuren auf der vorherigen Seite!

Prägen Sie sich die folgenden Figuren ein. Zeitvorgabe: eine Minute.

Blättern Sie anschließend um.

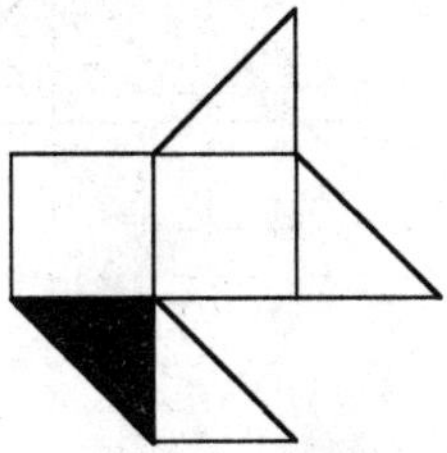

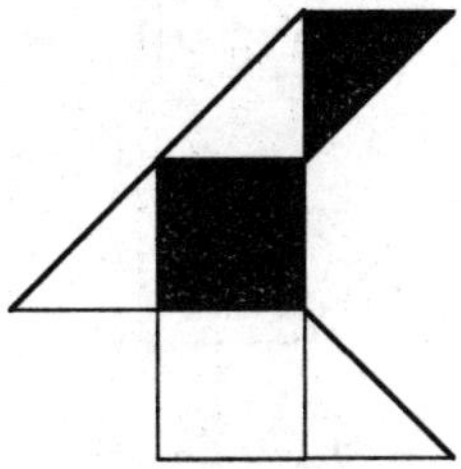

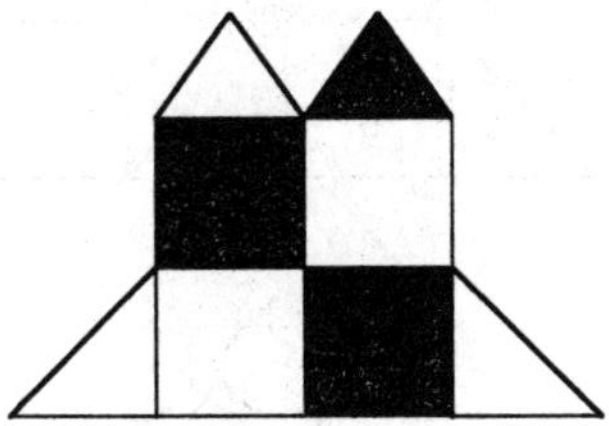

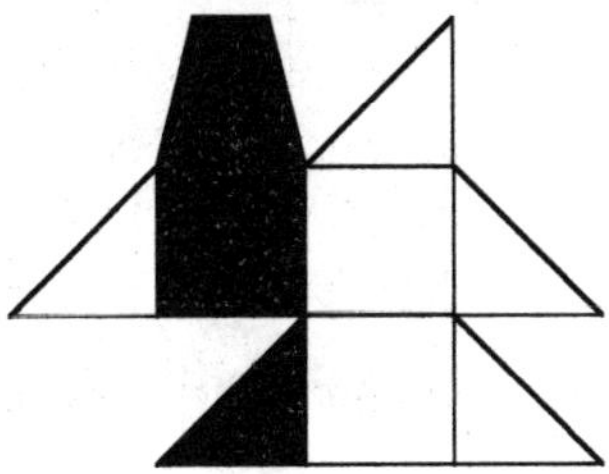

→

Wo befanden sich die schwarzen Flächen? Markieren Sie die Felder.

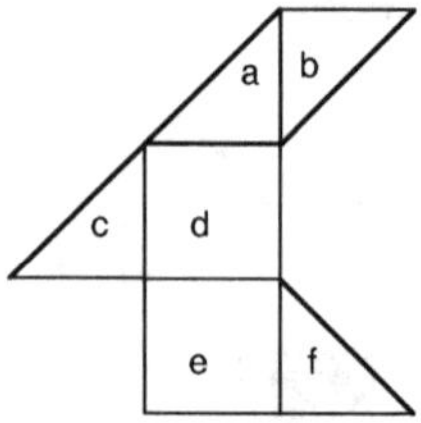

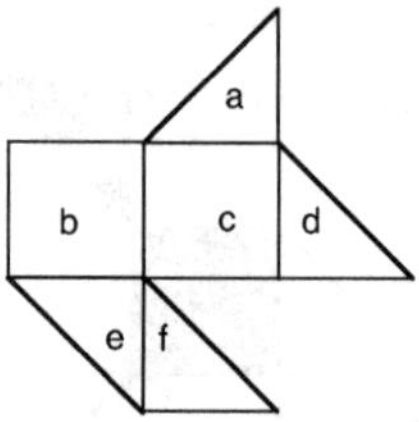

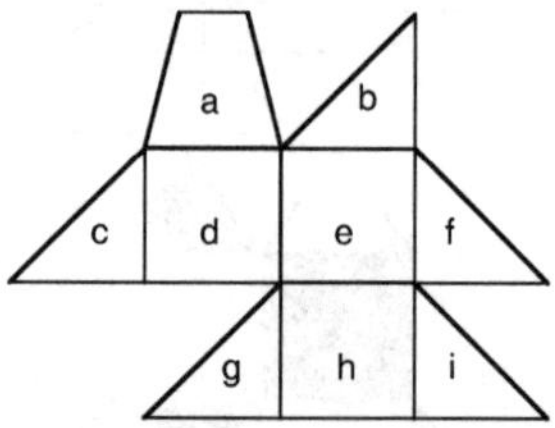

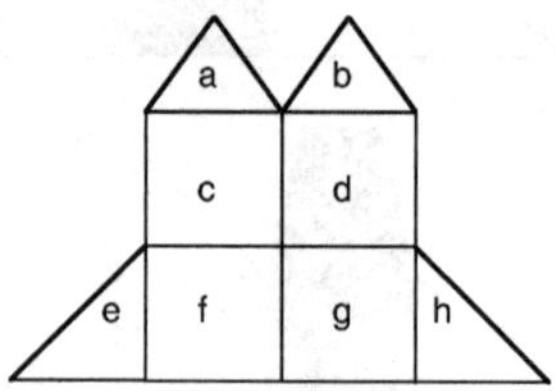

Vergleichen Sie Ihre Lösungen mit den Figuren auf der vorherigen Seite!

Lösungen

Sprachliche Intelligenz

Welches Wort passst nicht?

Seite 20

Test A

❶ d	❷ c	❸ b	❹ c
❺ d	❻ a	❼ b	❽ d
❾ d	❿ b	⓫ a	⓬ c
⓭ b	⓮ d	⓯ b	⓰ c
⓱ c	⓲ c	⓳ b	⓴ b

Test B

❶ c	❷ b	❸ a	❹ b
❺ d	❻ a	❼ c	❽ d
❾ b	❿ a	⓫ d	⓬ c
⓭ b	⓮ d	⓯ c	⓰ a
⓱ d	⓲ d	⓳ c	⓴ a

Gleiche Wortbedeutung

Seite 25

Test A

❶ a	❷ d	❸ b	❹ b
❺ d	❻ c	❼ c	❽ a
❾ b	❿ d	⓫ c	⓬ a
⓭ a	⓮ c	⓯ d	⓰ b
⓱ c	⓲ a	⓳ a	⓴ d

Test B

❶ c	❷ a	❸ d	❹ c
❺ b	❻ c	❼ b	❽ b
❾ d	❿ c	⓫ d	⓬ c
⓭ b	⓮ d	⓯ a	⓰ b
⓱ a	⓲ c	⓳ a	⓴ b

Buchstabensalat

Seite 31

Test A

❶ FALLE	⓫ PAUSE	㉑ TONNE	㉛ HITZE
❷ STADT	⓬ FIRMA	㉒ LUNGE	㉜ BEUTE
❸ KANTE	⓭ VOGEL	㉓ KATZE	㉝ PUNKT
❹ WOCHE	⓮ BIRKE	㉔ TEICH	㉞ MATTE
❺ PERLE	⓯ STEIN	㉕ WANNE	㉟ TALER
❻ EICHE	⓰ GRIFF	㉖ DURST	㊱ RINNE
❼ BEULE	⓱ BIRNE	㉗ BEERE	㊲ TANTE
❽ LIEBE	⓲ SEIFE	㉘ ACKER	㊳ SEITE
❾ GASSE	⓳ TAUFE	㉙ NACHT	㊴ TAUBE
❿ HAUBE	⓴ STUHL	㉚ KNOPF	㊵ SPIEL

Test B

1. BLATT
2. ZWERG
3. APFEL
4. EIMER
5. BRUST
6. AKTIE
7. BUCHE
8. SONNE
9. PFERD
10. TANNE
11. BRIEF
12. PFEIL
13. TASSE
14. BOGEN
15. BERUF
16. TAFEL
17. STIFT
18. BLUME
19. TACHO
20. REISE
21. JUNGE
22. STURM
23. MACHT
24. PREIS
25. TIEFE
26. VATER
27. KRAFT
28. BOXER
29. LINIE
30. STAHL
31. FUCHS
32. KETTE
33. ZANGE
34. PFAHL
35. ZEILE
36. PUSTE
37. KISTE
38. KONTO
39. MALER
40. RINDE

Wörter ergänzen

Seite 33

1. SPIEL
2. UHR
3. ZAHN
4. INSEL
5. GLAS
6. GARTEN
7. GAST
8. HAUS
9. SCHRANK
10. TAG
11. MEISTER
12. ZUG
13. ZIMMER
14. AUTO
15. BETT
16. RAUB
17. TOPF
18. WASSER
19. EIS
20. BAUM
21. BAUM
22. BUCH
23. STURM
24. REGEN
25. DACH

Buchstaben einfügen

Seite 35

❶ M	❷ Z/M	❸ S	❹ N
❺ S	❻ M	❼ T	❽ K
❾ D	❿ R	⓫ G	⓬ N
⓭ M	⓮ E	⓯ T	⓰ T
⓱ L	⓲ B	⓳ G	⓴ R
㉑ Z	㉒ T	㉓ G	㉔ R
㉕ B			

Ähnliche Sprichwörter

Seite 36

❶ c	❷ d	❸ b	❹ b
❺ c	❻ d	❼ b	❽ c
❾ c	❿ a	⓫ d	⓬ b
⓭ b	⓮ d	⓯ b	⓰ c
⓱ d	⓲ a	⓳ d	⓴ c

Gemeinsamkeiten

Seite 41

❶ b d	❷ c f	❸ b e	❹ a d
❺ b e	❻ a c	❼ b d	❽ a e
❾ c e	❿ a e	⓫ a c	⓬ b f
⓭ c f	⓮ a f	⓯ a d	⓰ b e
⓱ d f	⓲ c e	⓳ b e	⓴ c f

Logisches Denken

Analogien

Seite 43

Test A

❶ d	❷ b	❸ c	❹ c
❺ d	❻ c	❼ d	❽ b
❾ d	❿ a	⓫ b	⓬ d
⓭ c	⓮ d	⓯ a	⓰ d
⓱ b	⓲ b	⓳ c	⓴ a

Test B

❶ d	❷ c	❸ d	❹ a
❺ b	❻ c	❼ d	❽ b
❾ a	❿ b	⓫ d	⓬ a
⓭ c	⓮ b	⓯ b	⓰ d
⓱ b	⓲ d	⓳ d	⓴ b

Schlussfolgerungen

Seite 49

❶ Geschäft C	❷ Schale B
❸ Benno	❹ Klaus
❺ Julia	❻ 22 Jahre
❼ 9 Jahre	❽ 4 Söhne

Wochentage angeben

Seite 51

❶ Donnerstag
❷ Vier Tage
❸ Freitag
❹ Mittwoch
❺ Dienstag
❻ Samstag
❼ Freitag
❽ Dienstag
❾ Sonntag
❿ Sonntag

Zahlenreihen ergänzen

Seite 53

Test A

❶ 29 (+3 +3 +3 ...)
❷ 27 (+2 +4 +2 +4 ...)
❸ 768 (×2 ×2 ×2 ...)
❹ 38 (×2 −3 ×2 −3 ...)
❺ 7 (−3 +4 −3 +4 ...)
❻ 35 (+1 +2 +3 +4 ...)
❼ 53 (−5 ×2 −5 ×2 ...)
❽ 40 (+3 +6 +4 ...)
❾ 9 (×3 −3 :3 ...)
❿ 38 (:2 -5 ×4 ...)
⓫ 57 (+1 +3 +5 +7 ...)
⓬ 120 (−6 ×3 −7 ×3 −8 ×3 ...)
⓭ 30 (−4 +7 −4 +8 −4 +9 ...)
⓮ 23 (:3 ×6 −9 ...)
⓯ 159 (−2 ×2 −3 ×3 −4 ×4 ...)
⓰ 38 (−21 −18 −15 −12 −9 −6 ...)
⓱ 37 (+1 +1 +2 +3 +5 +8 immer die Summe der zwei vorangegangenen Summanden)

⓲ 2 (:2 +5 :3 +6 :4 +7 ...)

⓳ 197 (+2 −3 ×4 +5 −6 ×7 ...)

⓴ 17 (−2 +3 +4 −5 +6 +7 ...)

Test B

❶ 69 (×3 −3 ×3 −3 ...)

❷ 16 (−3 +5 −3 +5 ...)

❸ 25 (−4 +7 −4 +7 ...)

❹ 92 (+4 +8 +12 ...)

❺ 51 (:2 −4 ×3 :2 −4 ×3 ...)

❻ 59 (+3 +5 +7 ...)

❼ 44 (−2 ×2 −3 ×3 ...)

❽ 40 (−8 ×2 −7 ×2 ...)

❾ 33 (:3 ×6 −9 ...)

❿ 52 (+2 ×2 ...)

⓫ 16 (+2 +3 −4 +5 +6 −7 ...)

⓬ 720 (×1 ×2 ×3 ×4 ...)

⓭ 15 (−3 ×3 +3 :3 ...)

⓮ 8 (+1 −2 +2 ...)

⓯ 51, (:2 −4 ×3 ...)

⓰ 19 (+4 −6 +4 −5 +4 −4 ...)

⓱ 186 (−6 ×3 −5 ×3 ...)

⓲ 197 (+3 +6 +12 +24 +48 ...)

⓳ 19 (−2 +3 −4 +5 ...)

⓴ 144 (immer vorhergehende Zahl addieren)

Reihen fortsetzen

Seite 56

➊ a	➋ d	➌ a	➍ b
➎ d	➏ b	➐ c	➑ b
➒ d	➓ b	⓫ c	⓬ b
⓭ c	⓮ d	⓯ d	⓰ a
⓱ d	⓲ b	⓳ b	⓴ c

Matrizen ergänzen

Seite 63

➊ a	➋ c	➌ b	➍ d
➎ c	➏ b	➐ b	➑ c
➒ d	➓ a	⓫ b	⓬ d
⓭ c	⓮ b	⓯ b	⓰ d
⓱ a	⓲ c	⓳ b	⓴ b

Unterschiede erkennen

Seite 74

➊ bd	➋ bc	➌ ae	➍ ad
➎ ad	➏ be	➐ bd	➑ ac
➒ ac	➓ bd	⓫ be	⓬ ab
⓭ bd	⓮ ad	⓯ ae	⓰ ce
⓱ be	⓲ ae	⓳ bc	⓴ ac

Mathematische Fähigkeiten

Ergebnisse schätzen

Seite 78

❶ c	❷ b	❸ a	❹ d
❺ a	❻ e	❼ b	❽ a
❾ d	❿ c	⓫ e	⓬ c
⓭ b	⓮ d	⓯ b	⓰ a
⓱ d	⓲ e	⓳ e	⓴ d

Rechenzeichen einsetzen

Seite 82

❶ ++	❷ – –	❸ × +	❹ – ×
❺ × +	❻ : ×	❼ – –	❽ ++
❾ + –	❿ – :	⓫ + –	⓬ – ×
⓭ – :	⓮ – :	⓯ + ×	⓰ + :
⓱ : +	⓲ : –	⓳ : +	⓴ : +

Rechenaufgaben

Seite 83

❶ 85	❷ 36	❸ 120	❹ 52
❺ 121	❻ 792	❼ 44	❽ 69
❾ 20	❿ 8	⓫ 10	⓬ 36
⓭ 48	⓮ 40	⓯ 3	⓰ 11
⓱ 88	⓲ 35	⓳ 22	⓴ 100

Textaufgaben

Seite 84

Rechentest A

❶ 60 Cent
❷ 600 Kilometer
❸ 20 Tage
❹ 23 Jahre
❺ 85 Prozent
❻ 24 Meter
❼ 40 Prozent
❽ 450 Euro
❾ 11 000 Euro
❿ 80 cm^3
⓫ 15 Euro
⓬ 13
⓭ 80 Euro
⓮ 48 Kugeln
⓯ 66 Prozent

Rechentest B

❶ 8 Liter
❷ 350 Euro
❸ bei A
❹ 8 Meter
❺ 16 Äpfel
❻ 3200 cm^2
❼ 2000 Euro
❽ 108 km/h
❾ 1400 Euro
❿ 8
⓫ 140 Kilometer
⓬ 9
⓭ 200
⓮ 8 Prozent
⓯ 800 Meter

Beobachtungsgabe

Genau beobachten

Seite 90

❶ a	❷ c	❸ b	❹ c
❺ c	❻ c	❼ a	❽ b
❾ a	❿ b	⓫ c	⓬ c
⓭ c	⓮ c	⓯ a	⓰ b
⓱ a	⓲ a	⓳ c	⓴ c
㉑ a	㉒ b	㉓ a	㉔ c

Räumliches Denken

Spiegelbilder

Seite 96

❶ e	❷ b	❸ c	❹ a
❺ d	❻ d	❼ b	❽ d
❾ b	❿ c	⓫ a	⓬ c
⓭ d	⓮ a	⓯ b	⓰ e
⓱ c	⓲ c	⓳ a	⓴ e

Figurenauswahl

Seite 100

❶ c	❷ a	❸ b	❹ c
❺ d	❻ c	❼ d	❽ b
❾ a	❿ d	⓫ a	⓬ b
⓭ b	⓮ a	⓯ d	⓰ c
⓱ c	⓲ a	⓳ b	⓴ a
㉑ b	㉒ d	㉓ b	㉔ d

Körper und Faltvorlagen zuordnen

Seite 102

❶ a	❷ c	❸ a	❹ c
❺ d	❻ b	❼ d	❽ c
❾ b	❿ d	⓫ a	⓬ c
⓭ b	⓮ c	⓯ d	⓰ b
⓱ c	⓲ d	⓳ c	⓴ a

Würfelauswahl

Seite 108

❶ b	❷ a	❸ d	❹ c
❺ b	❻ d	❼ c	❽ c
❾ c	❿ c		

Technisches Verständnis

Alltagsphysik

Seite 112

❶ b	❷ c	❸ c	❹ a
❺ c	❻ d	❼ d	❽ c
❾ b	❿ b	⓫ d	⓬ b
⓭ d	⓮ d	⓯ c	⓰ d
⓱ c	⓲ c	⓳ a	⓴ b

Merkfähigkeit

Was war nicht dabei?

Seite 120

❶ a	❷ d	❸ c	❹ b
❺ d			

Begriffe merken

Seite 124

❶ c	❷ d	❸ b	❹ d
❺ c	❻ b	❼ c	❽ b
❾ d	❿ a		

Texte einprägen

Seite 137

❶ b	❷ d	❸ c	❹ d
❺ b	❻ a	❼ c	❽ a
❾ d	❿ a	⓫ c	⓬ b

Der große IQ-Test

Wie schlau sind Sie?
100 Fragen und ein Ergebnis

So geht's

Mit dem folgenden IQ-Test können Sie Ihren Intelligenzquotienten IQ annähernd genau ermitteln. Der Test besteht aus 100 Aufgaben und dauert mit Beispielen eine knappe Stunde. Sorgen Sie dafür, dass Sie in dieser Zeit ungestört sind und in Ruhe arbeiten können.

Legen Sie sich eine Uhr zurecht, damit Sie die Zeit bei den einzelnen Tests abstoppen können. Ein aussagekräftiges Ergebnis werden Sie nur dann erhalten, wenn Sie die Zeitvorgaben für die Tests genau einhalten.

Der Test besteht aus unterschiedlichen Aufgabentypen. Bei den meisten Tests müssen Sie aus vier vorgegebenen Antworten die richtige Lösung auswählen. Jeder Test wird zuerst durch eine Beispielaufgabe erläutert. Sehen Sie sich das Beispiel genau an, damit Sie wissen, worauf es im Test ankommt. Anschließend folgen die Testaufgaben, die Sie innerhalb der angegebenen Zeit lösen müssen.

Bei den Merkaufgaben müssen Sie sich innerhalb einer bestimmten Zeit etwas einprägen und anschließend auf der nächsten Seite eine Frage beantworten. Dabei ist es wichtig, dass Sie jeweils nur eine Aufgabe bearbeiten und die nächsten Aufgaben und Fragen auf der Seite abdecken.

Machen Sie sich für den Test eine Kopie des Antwortbogens auf Seite 206, damit Sie dort Ihre Antworten eintragen können.

So ermitteln Sie ihren IQ

Vergleichen Sie Ihre Antworten auf dem Antwortbogen mit der Lösungstabelle. Tragen Sie hinter jeder Frage ein, ob die Antwort richtig oder falsch ist. Zählen Sie in jeder Testgruppe die Zahl der richtigen Lösungen zusammen, und tragen Sie diese Zahl ein. Jede richtige Lösung entspricht einem Punkt.

Addieren Sie die Punkte der fünf Testgruppen, und tragen Sie die Gesamtpunktzahl in das entsprechende Kästchen ein. Suchen Sie zu diesem Punktwert aus der IQ-Tabelle den zugehörigen IQ-Wert Ihrer Altersgruppe und tragen Sie ihn ein.

Die IQ-Tabelle gilt für Personen ab 15 Jahren. Personen, die jünger sind, erreichen bei der gleichen Zahl richtiger Lösungen höhere IQ-Werte. Dabei ist der IQ umso höher, je niedriger das Alter ist.

Sprache

Wortauswahl

Welches Wort passt nicht zu den anderen?

Beispiel:

a) Tanne b) Fichte c) Eiche d) Kiefer

Lösung: c

Für die folgenden Aufgaben haben Sie zwei Minuten Zeit.

❶ a) verbinden b) schneiden c) kleben d) schrauben

❷ a) Betrug b) Schwindel c) Fälschung d) Irrtum

❸ a) offen b) ehrlich c) aufrichtig d) treu

❹ a) Verlust b) Schmerz c) Kummer d) Leid

❺ a) löschen b) entfernen c) verstecken d) tilgen

❻ a) oft b) ständig c) häufig d) mehrfach

❼ a) Sturm b) Schnee c) Hagel d) Regen

❽ a) verstehen b) überlegen c) erkennen d) begreifen

Wortbedeutungen

Welches Wort hat eine ähnliche Bedeutung wie das vorgegebene?

Beispiel:

argwöhnisch

a) falsch **b)** hinterhältig
c) neidisch **d)** misstrauisch

Lösung: d

Für die folgenden Aufgaben haben Sie zwei Minuten Zeit.

❾ Zorn

a) Beschimpfung **b)** Hass
c) Wut **d)** Schande

❿ analysieren

a) prüfen **b)** untersuchen
c) besprechen **d)** bestimmen

⓫ allmählich

a) schrittweise **b)** langsam
c) gemächlich **d)** behutsam

⓬ Woge

a) Flut **b)** Welle
c) Strudel **d)** Seegang

⓭ **unverzüglich**
a) plötzlich b) hastig
c) sofort d) unverhofft

⓮ **konservativ**
a) angepasst b) rückständig
c) altmodisch d) erhaltend

⓯ **Lache**
a) Rinnsal b) Pfütze
c) Gewässer d) Tümpel

⓰ **riskant**
a) abenteuerlich b) spannend
c) gefährlich d) ereignisreich

Sprichwörter

Welches Sprichwort hat eine ähnliche Bedeutung wie das vorgegebene?

Beispiel:

Wie man den Acker bestellt, so trägt er.
a) Jeder ist seines Glückes Schmied.
b) Wer ernten will, muss säen.
c) Arbeit gibt Brot, Faulheit Not.
d) Wie man in den Wald hineinruft, so schallt es heraus.

Lösung: c

Für die folgenden Aufgaben haben Sie drei Minuten Zeit.

⑰ Bellende Hunde beißen nicht.

a) Übermut tut selten gut.
b) Reden ist Silber, Schweigen Gold.
c) Hühner, die gackern, legen nicht.
d) Man soll den Bissen nicht größer machen als das Maul.

⑱ Wo mit dem Taler gewunken wird, öffnen sich alle Türen.

a) Geld stinkt nicht.
b) Geld kommt immer zu Geld.
c) Für Geld ist alles zu haben.
d) Geld macht nicht glücklich.

⑲ Ein Esel, der viele Bücher trägt, ist darum nicht gelehrt.

a) Was Hänschen nicht lernt, lernt Hans nimmermehr.
b) Ein alter Esel lernt nicht um.
c) Es ist noch kein Meister vom Himmel gefallen.
d) Ein Aff bleibt ein Aff, er mag König werden oder Pfaff.

⑳ Das schönste Grün wird auch Heu.

a) Auf Freud folgt Leid.
b) Schönheit vergeht, Tugend besteht.
c) Arm und reich, der Tod macht alle gleich.
d) Glück und Glas, wie leicht bricht das.

㉑ Wie du kommst gegangen, so wirst du empfangen.

a) Andere Länder, andere Sitten.
b) Kleider machen Leute.
c) Die Kutte macht nicht den Mönch .
d) Den Baum erkennt man an den Früchten.

㉒ Mit Geduld und Zeit kommt man weit.

a) Die Zeit wird es lehren.
b) Blinder Eifer schadet nur.
c) Eile mit Weile.
d) Steter Tropfen höhlt den Stein.

㉓ Wer allzu viel beginnt, wird wenig schaffen.

a) Zuerst überlege, dann handle.
b) Wer auf zwei Hasen zielt, trifft keinen.
c) Wer die Wahl hat, hat die Qual.
d) Wie die Arbeit, so der Lohn.

㉔ Der Anfang ist die Hälfte des Ganzen.

a) Wer zuerst kommt, mahlt zuerst.
b) Faule Leute haben die meiste Arbeit.
c) Aller Anfang ist schwer.
d) Viel gewinnt, wer frisch beginnt.

Logik

Reihen

Die drei Figuren verändern sich nach bestimmten Regeln. Ergänzen Sie die vierte Figur so, dass sie die Reihe sinnvoll fortsetzt.

Beispiel:

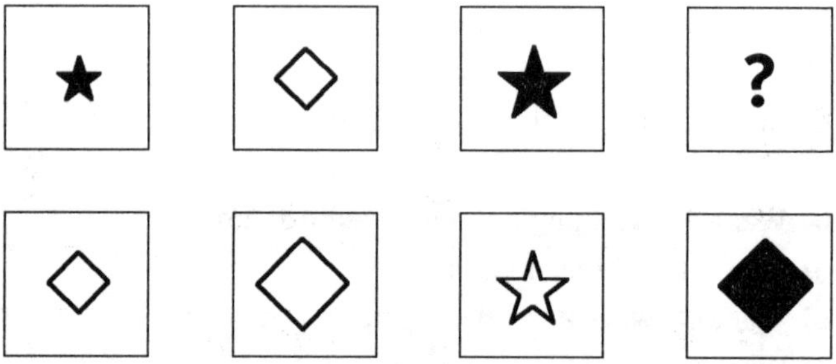

a b c d

Lösung: b

Für die folgenden Aufgaben haben Sie zwei Minuten Zeit.

25

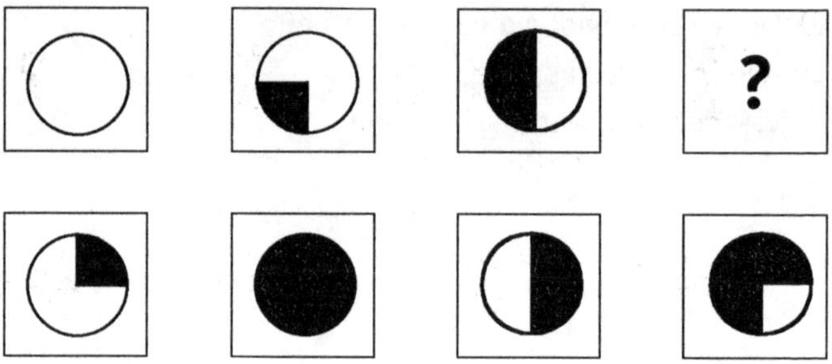

a b c d

26
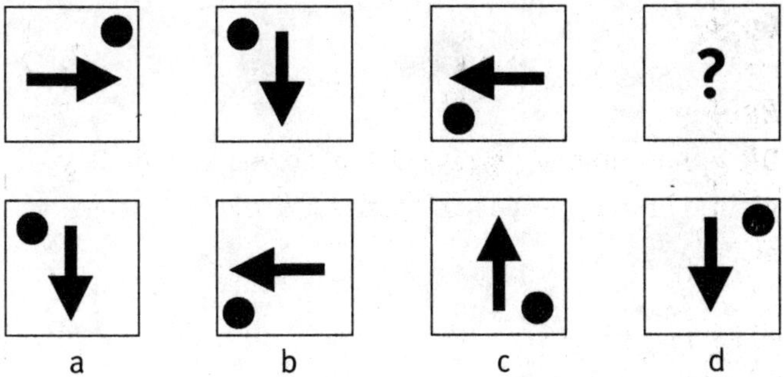

27
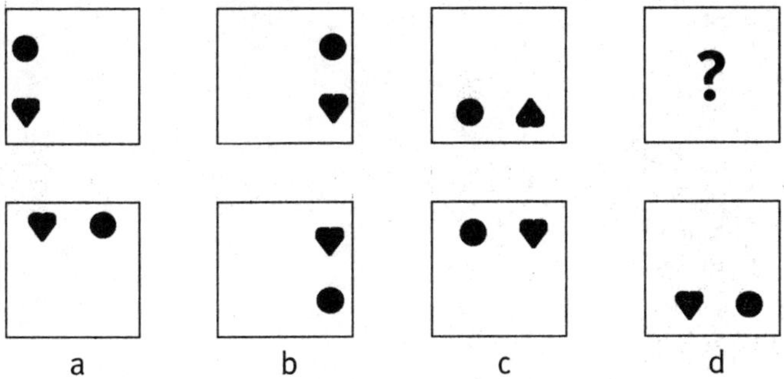

28
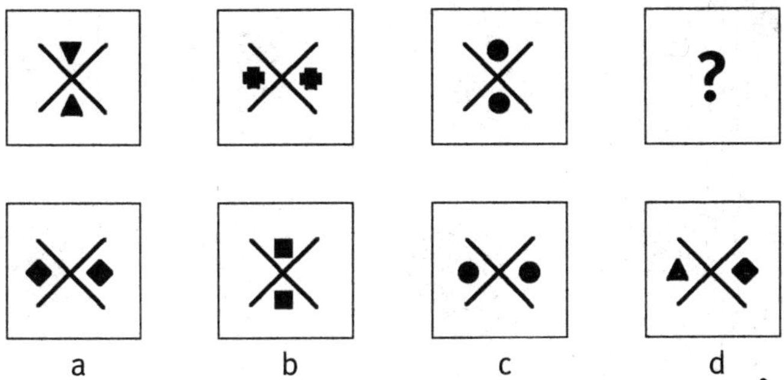

→

29

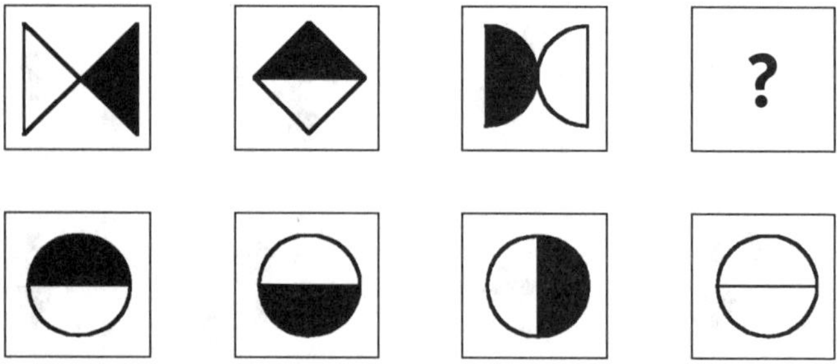

a b c d

30

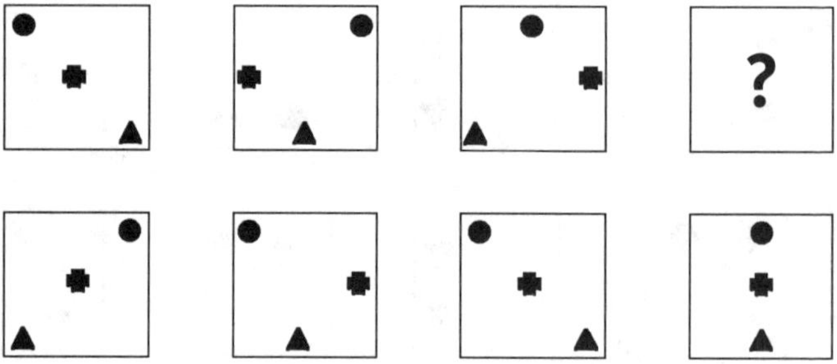

a b c d

31

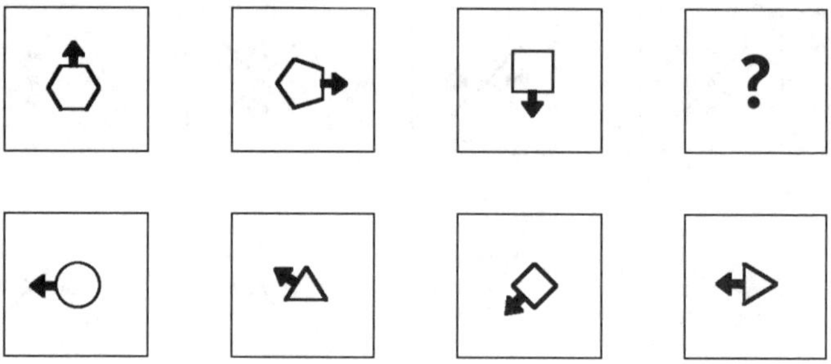

a b c d

32

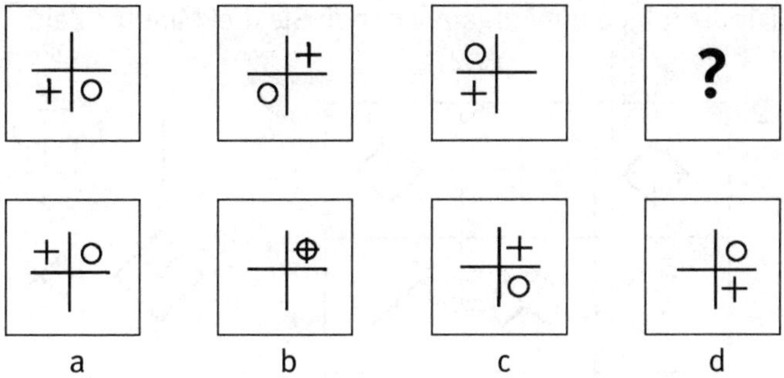

Matrizen

Die Figuren in den drei Reihen verändern sich nach bestimmten Regeln. Ergänzen Sie die fehlende Figur.

Beispiel:

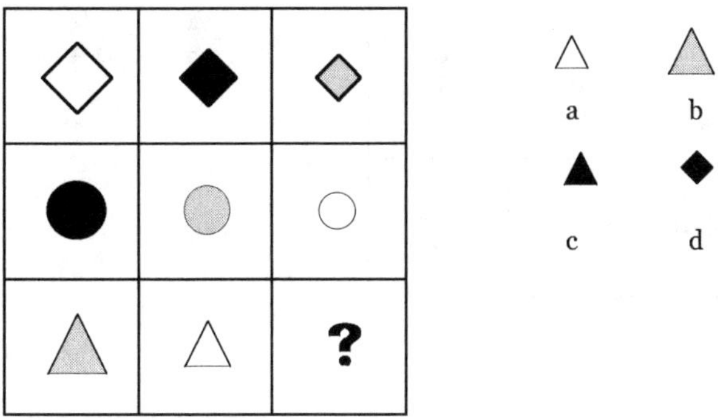

Lösung: c

In der letzten Reihe fehlt ein kleines schwarzes Dreieck.

Für die folgenden Aufgaben haben Sie drei Minuten Zeit.

33

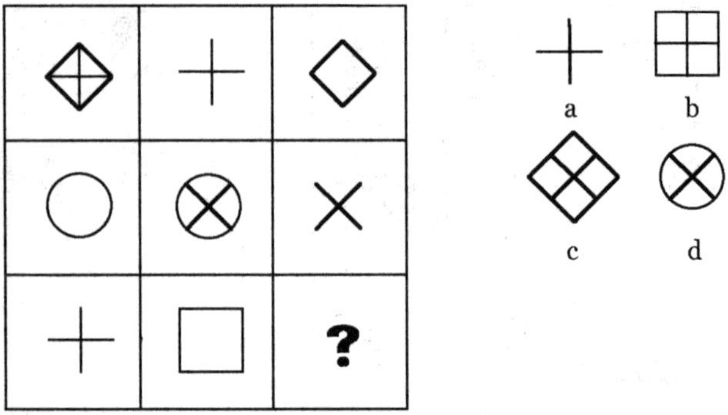

34

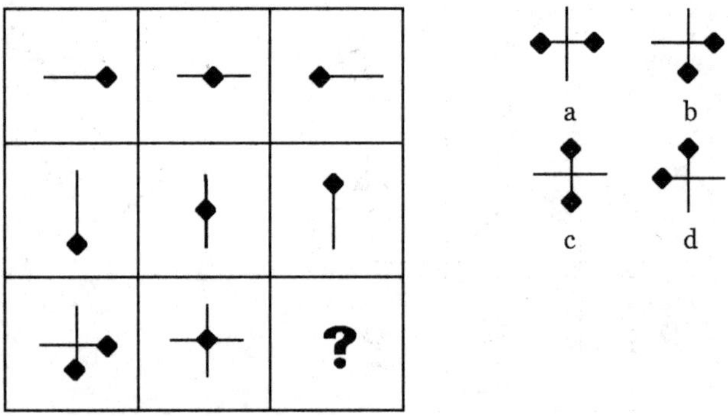

35

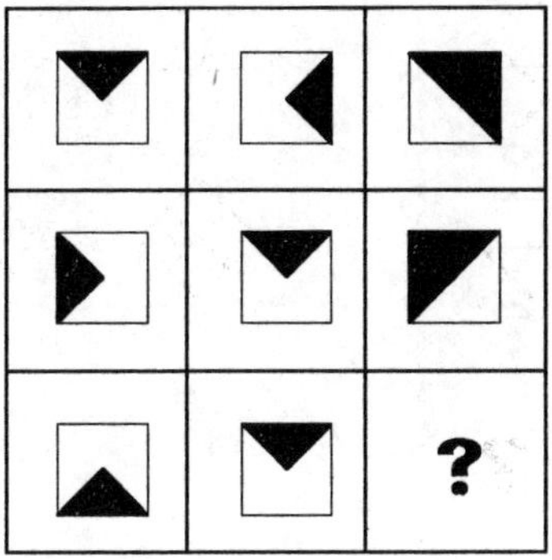

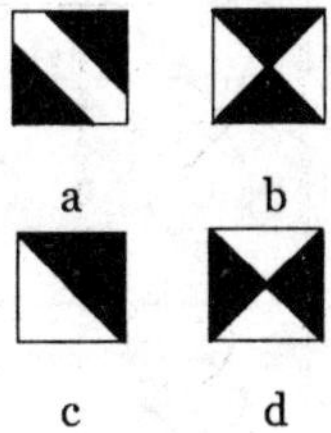

36

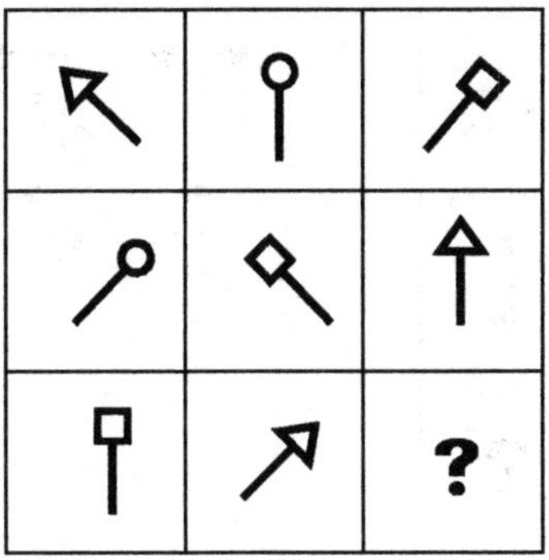

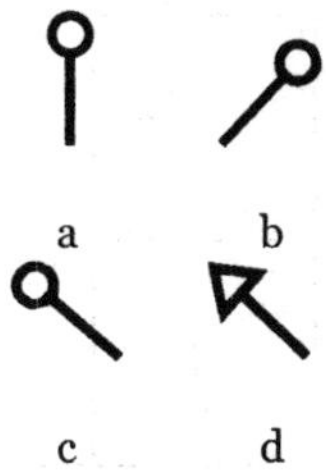

➜

37

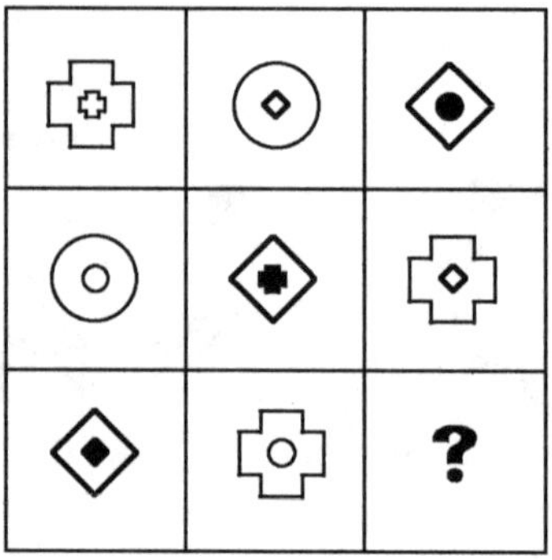

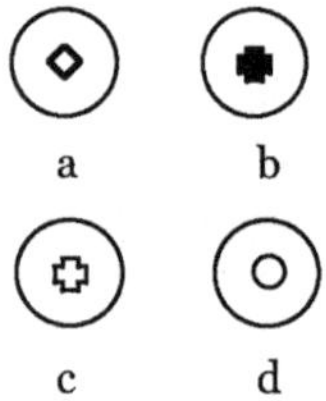

38

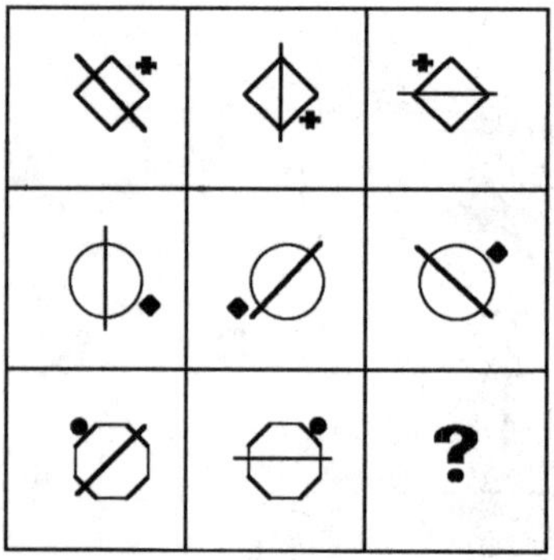

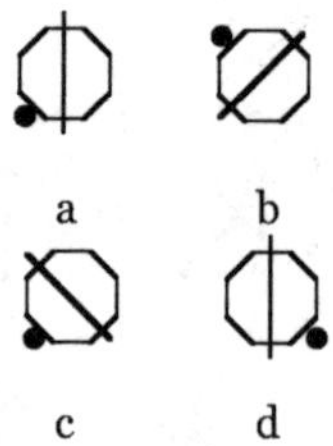

39

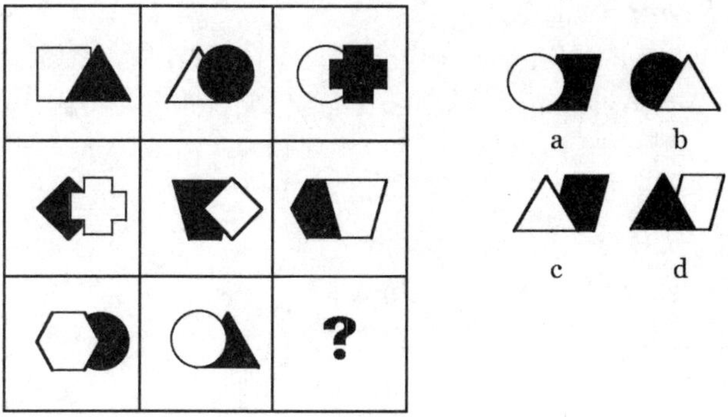

40

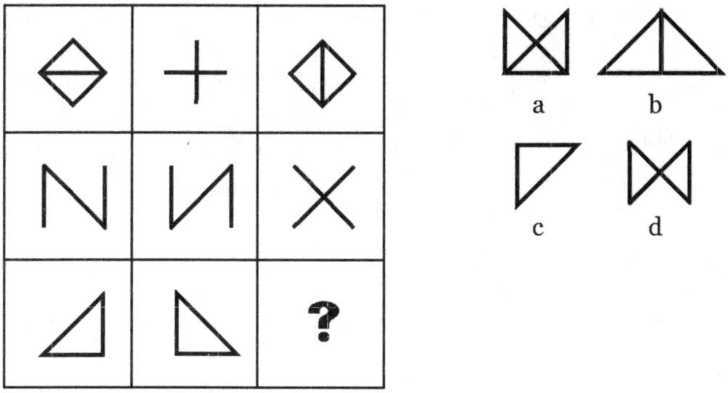

Analogien

Drei Wörter werden vorgegeben. Suchen Sie das Wort, das zum dritten in einer ähnlichen Beziehung steht, wie das zweite zum ersten.

Beispiel: **Haus : Stadt = Baum :?**

a) Blatt **b)** Wald

c) Stamm **d)** Allee

Lösung: b

Für die folgenden Aufgaben haben Sie zwei Minuten Zeit.

41 Tag : Nacht = Sieg : ?

a) Preis **b)** Gewinn

c) Niederlage **d)** Anerkennung

42 Bild : Maler = Kuchen : ?

a) Brot **b)** Mehl

c) Teig **d)** Bäcker

43 Kartoffel : Schale = Körper : ?

a) Kleidung **b)** Organ

c) Haare **d)** Haut

44 Kiste : Tüte = Haus : ?

a) Wohnung **b)** Zimmer

c) Zelt **d)** Camping

45 Schmerzen : Tablette = Kummer : ?

a) Mitleid b) Trost
c) Not d) Unglück

46 Fläche : Körper = Wand : ?

a) Raum b) Tapete
c) Decke d) Boden

47 Faulheit : Armut = Fleiß : ?

a) Anerkennung b) Reichtum
c) Ehrgeiz d) Besitz

48 Eis : Wasser = Schnee : ?

a) Schlitten b) Winter
c) Kälte d) Regen

Zahlenreihen

Die Zahlenreihen sind nach einer bestimmten Regel aufgebaut. Ergänzen Sie die nächste Zahl, welche die Reihe richtig fortsetzt.

Beispiel: 4 5 10 11 22 23
Lösung: 46 (+1 ×2 +1 ×2 ...)

Für die folgenden Aufgaben haben Sie 3 $\frac{1}{2}$ Minuten Zeit.

49	5	7	11	13	17	19	____
50	12	9	14	11	16	13	____
51	7	12	24	29	58	63	____
52	6	7	10	15	22	31	____
53	9	7	14	11	33	29	____
54	11	5	15	10	30	26	____
55	10	6	24	28	7	3	____
56	6	8	5	20	25	19	____

Rechnen

Rechenaufgaben

Wie in der Schule: Finden Sie die richtige Lösung.

Beispiel: 56 + 34 – 14 =
Lösung: 76

Für die folgenden Aufgaben haben Sie zwei Minuten Zeit.

57 $65 - 33 + 21 =$ ______

58 $8 \times 6 + 32 - 16 =$ ______

59 $9 \times 8 - 3 \times 7 =$ ______

60 $16 \times 4 + 4 \times 6 + 11 =$ ______

61 $288 : 8 + 5 \times 7 =$ ______

62 $\frac{21}{6} + \frac{18}{4} =$ ______

63 $\frac{2}{5} \times 45 \times 60 \times \frac{2}{3} =$ ______

64 $\frac{5}{8} \times 32 + 4 \times 15 = 4X \qquad X = ?$ ______

Textaufgaben

Beispiel: Im Tank eines Autos befinden sich 45 Liter Benzin. Wie weit kann man damit fahren, wenn der Verbrauch 9 Liter auf 100 Kilometer beträgt?

Lösung: 45 l : 9 l × 100 km = 500 km

Für die folgenden Aufgaben haben Sie vier Minuten Zeit.

65 Von zwei Brüdern hat der eine 13 Euro, der andere 41 Euro? Wie viel Euro muss der eine dem anderen abgeben, damit beide gleich viel haben?

Lösung: ________

66 8 Arbeiter brauchen zum Pflastern einer Fußgängerzone 12 Tage. Wie lange brauchen 6 Arbeiter?

Lösung: ________

67 Um das Urlaubsziel zu erreichen, braucht man bei einer Durchschnittsgeschwindigkeit von 80 km/h 6 Stunden. Wie schnell muss man fahren, wenn man schon in 4 Stunden da sein will?

Lösung: ________

68 Mutter und Tochter sind zusammen 56 Jahre alt. Die Tochter ist 22 Jahre jünger als die Mutter. Wie alt ist sie?

Lösung: ________

69 Ein Blumenbeet ist 8 m lang und 6 m breit. Es soll um $\frac{1}{6}$ verkleinert werden. Wie groß ist es anschließend?
Lösung: ________

70 Drei Freunde haben zusammen 50 000 Euro gewonnen. Sie wollen den Gewinn im Verhältnis ihres Einsatzes aufteilen. A hat 10 Euro, B 15 Euro und C 25 Euro eingesetzt. Wie viel Euro erhält B ?
Lösung: ________

71 Ein Schüler erreicht in einem Test 84 von 120 Punkten. Wie viel Prozent sind das?
Lösung: ________

72 In einer Kiste sind Äpfel, Birnen und Orangen. Davon sind 20 Äpfel, $\frac{1}{3}$ sind Birnen und $\frac{1}{4}$ sind Orangen. Wie viele Stücke Obst befinden sich in der Kiste?
Lösung: ________

Raumvorstellung

Spiegelbilder

Von den jeweils vier Figuren kann man drei durch Drehen übereinander legen. Bei einer Figur ist das nicht möglich. Diese Figur sollen Sie herausfinden.

Beispiel:

a b c d

Lösung: d

Für die folgenden Aufgaben haben Sie zwei Minuten Zeit.

73

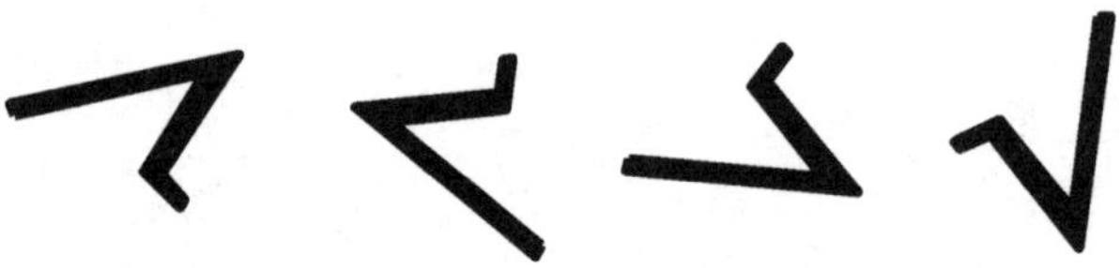

a b c d

74

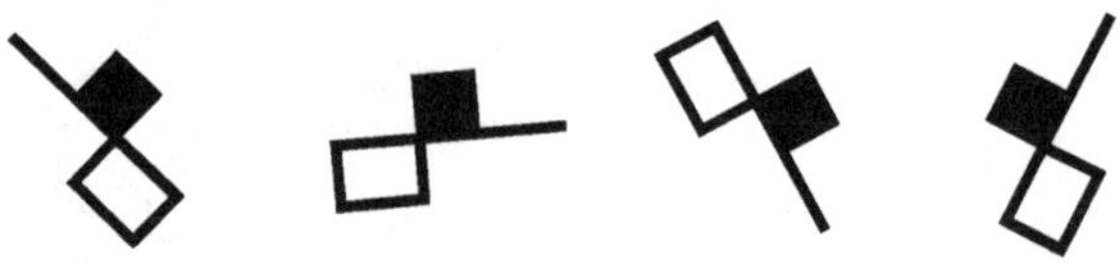

a b c d

75

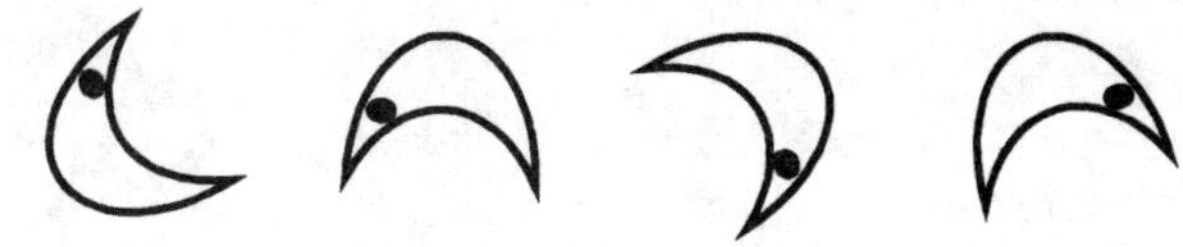

a b c d

76

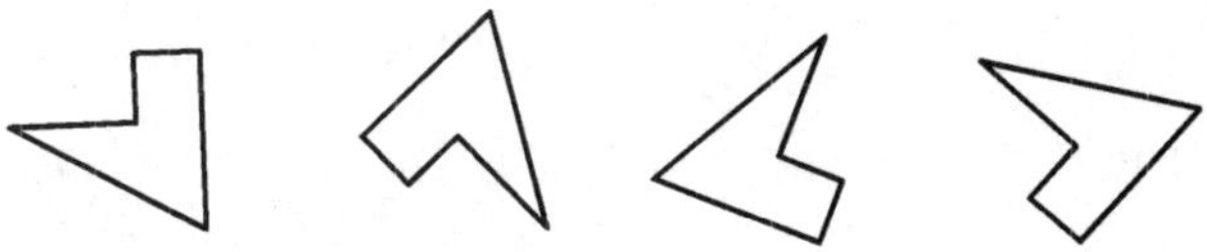

a b c d

77

a b c d

78

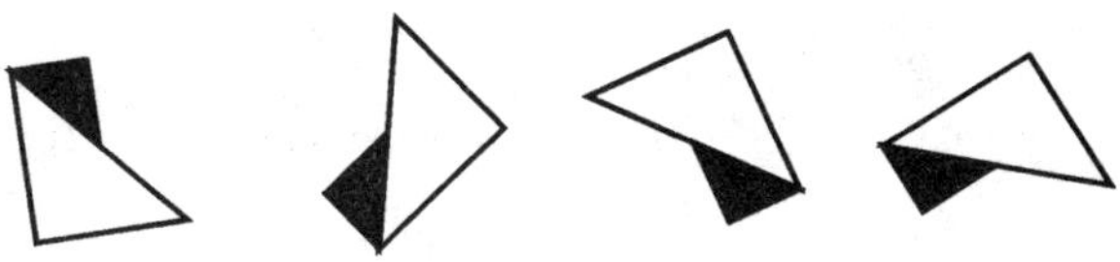

a b c d

79

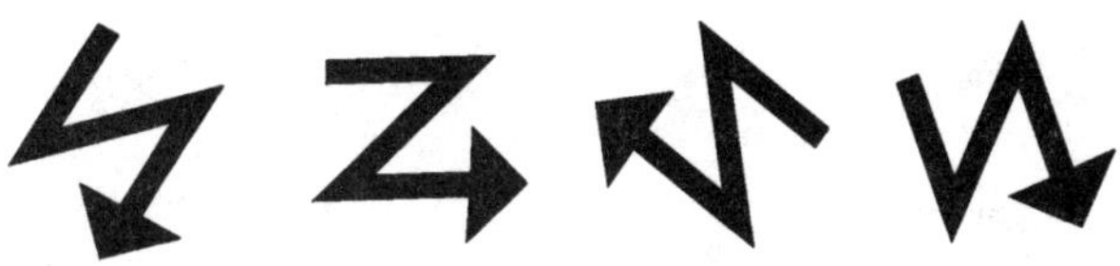

a b c d

→

80

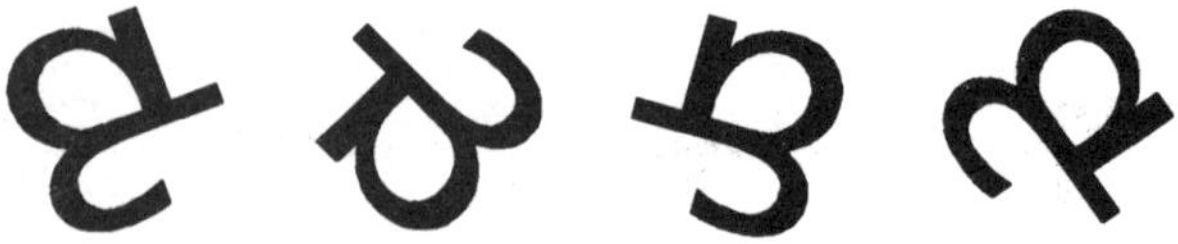

a b c d

Körper und Faltvorlagen

Hier müssen Sie Körper und Faltvorlagen richtig zuordnen. Es ist immer die Außenseite zu sehen. Entweder müssen Sie zu einer Faltvorlage den passenden Körper finden oder umgekehrt zu einem Körper die passende Faltvorlage.

Beispiel:

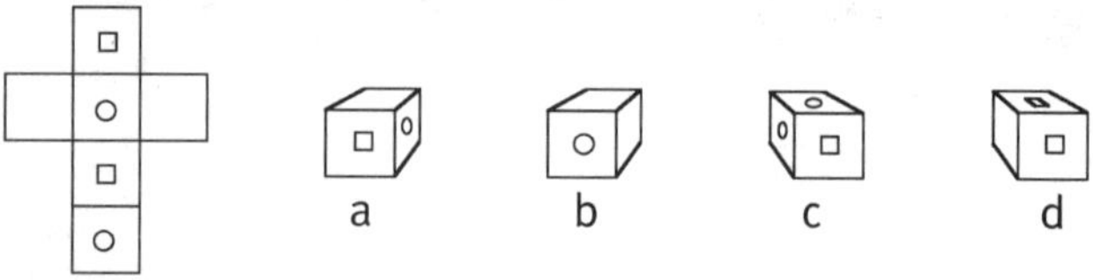

a b c d

Lösung: a

Für die folgenden Aufgaben haben Sie drei Minuten Zeit.

81

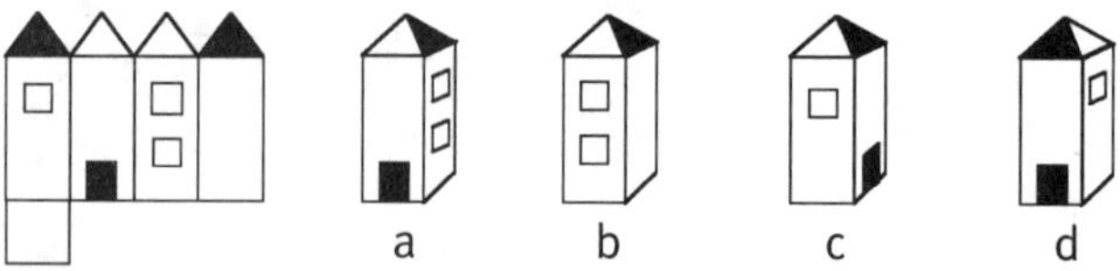

a b c d

82

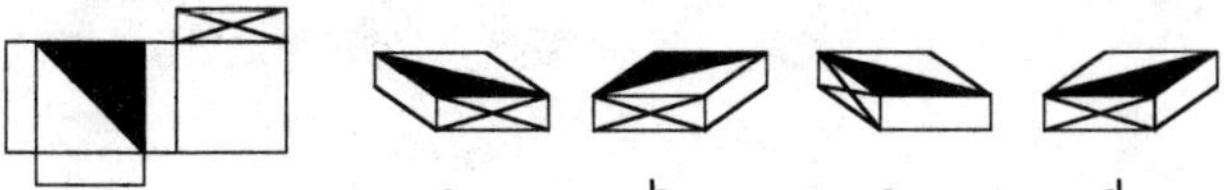

a b c d

83

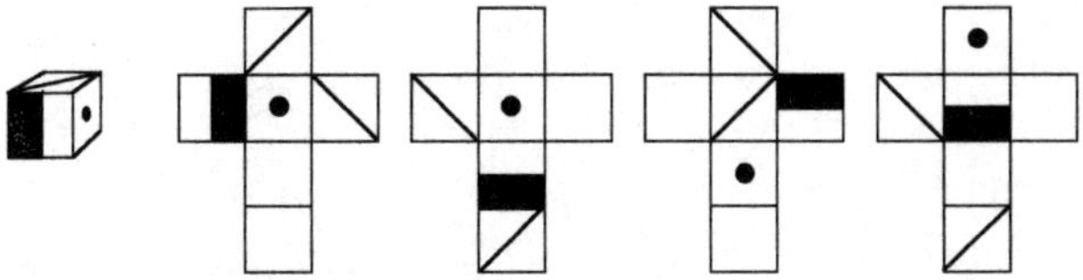

a b c d

84

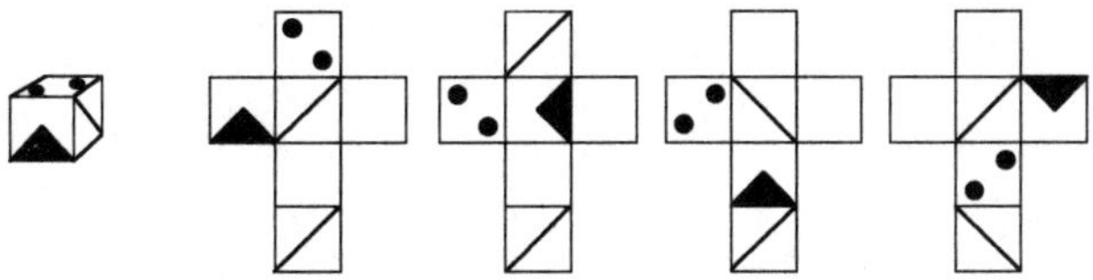

a b c d

85

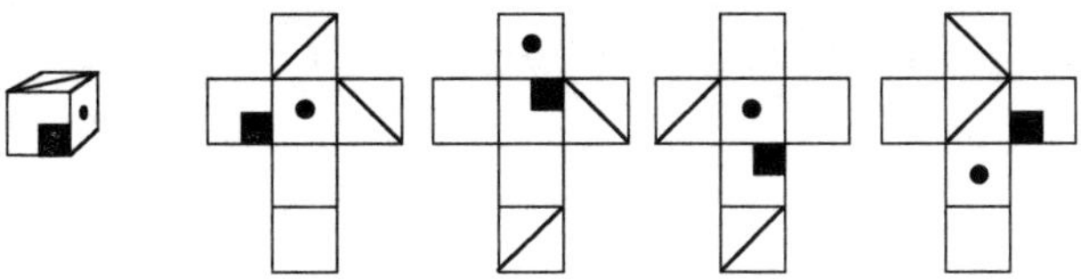

a b c d

→

86

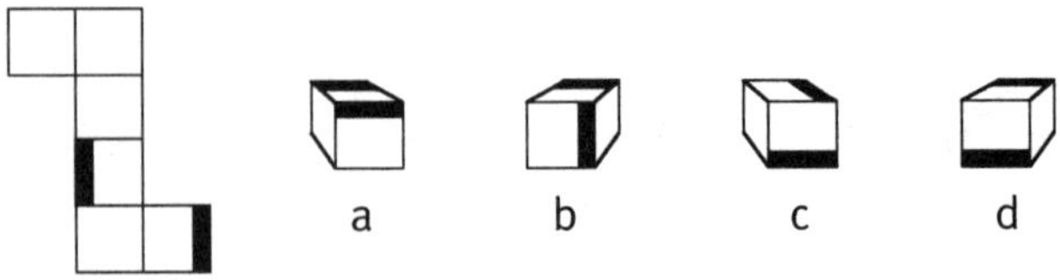

87

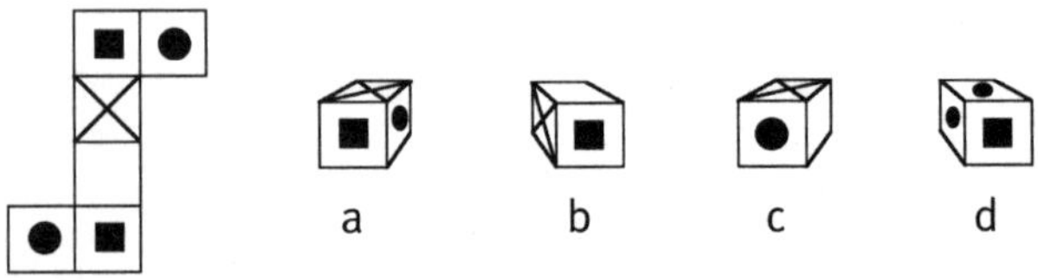

88

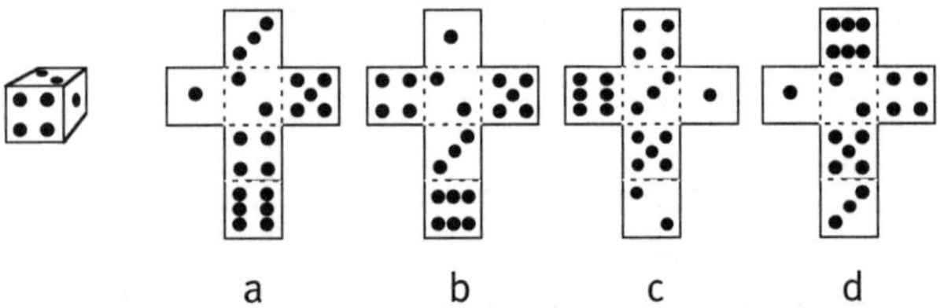

Merken

Was war nicht dabei?

Prägen Sie sich die Inhalte der Felder gut ein. Sie haben dafür 30 Sekunden Zeit. Decken Sie anschließend alle Felder ab, und beantworten Sie die Frage.

Beispiel:

Doris	Klaus	Sabine	Andreas
Julia	Thomas	Christina	Sascha
Anna	Tanja	Silke	Bernd

Was war nicht dabei?

a) Anna **b)** Julia **c)** Martina **d)** Silke

Lösung: c

89 Prägen Sie sich die Inhalte der Felder 30 Sekunden lang gut ein, und beantworten Sie dann die Frage auf Seite 191.

M	B	E	T
W	S	U	A
D	X	I	G

90 Prägen Sie sich die Inhalte der Felder 30 Sekunden lang gut ein, und beantworten Sie dann die Frage auf Seite 192.

Wald	Straße	Ball	Stuhl
Buch	Telefon	Mann	Himmel
Lampe	Bild	Schule	Zeitung

91 Prägen Sie sich die Inhalte der Felder 30 Sekunden lang gut ein, und beantworten Sie dann die Frage auf Seite 192.

Dresden	Bern	München	London
Dortmund	Rom	Salzburg	Bremen
Freiburg	Köln	Berlin	Paris

92 Prägen Sie sich die Inhalte der Felder 30 Sekunden lang gut ein, und beantworten Sie dann die Frage auf Seite 192.

6	2	7	3
11	15	13	18
22	29	24	26

93 Prägen Sie sich die Inhalte der Felder 30 Sekunden lang gut ein, und beantworten Sie dann die Frage auf Seite 192.

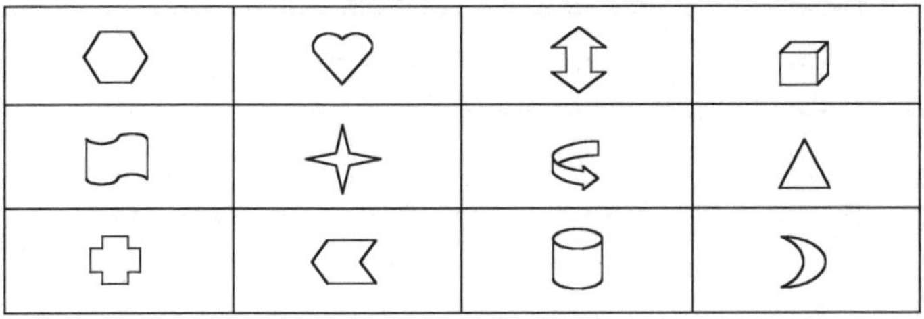

94 Prägen Sie sich die Inhalte der Felder 30 Sekunden lang gut ein, und beantworten Sie dann die Frage auf Seite 192.

Zu 89: Was war nicht dabei?

Zeit: 10 Sekunden

a) N **b)** J **c)** X **d)** E

Zu 90: Was war nicht dabei?

Zeit: 10 Sekunden

a) Schule b) Mann c) Baum d) Straße

Zu 91: Was war nicht dabei?

Zeit: 10 Sekunden

a) Rom b) Wien c) Berlin d) München

Zu 92: Was war nicht dabei?

Zeit: 10 Sekunden

a) 11 b) 13 c) 22 d) 5

Zu 93: Was war nicht dabei?

Zeit: 10 Sek.

a) b) c) d)

Zu 94: Abdecken! Was war nicht dabei?

Zeit: 10 Sekunden

a) b) c) d)

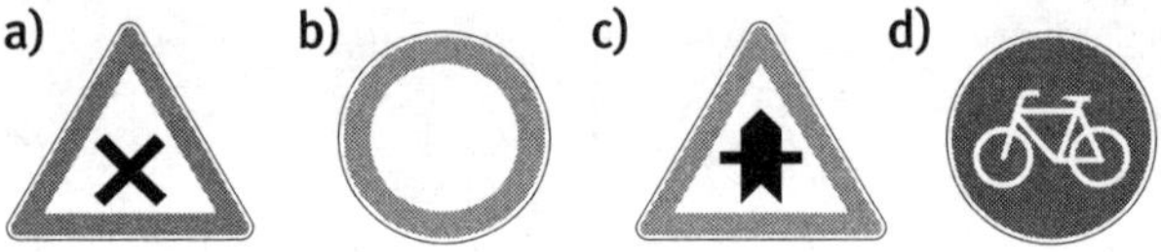

Daten merken

Prägen Sie sich die folgenden Daten gut ein. Sie haben dafür 30 Sekunden Zeit. Beantworten Sie anschließend die Frage.

Beispiel: Simone Hölterkamp
Limbecker Postweg 73
36345 Freisenberg

Welche Angabe ist richtig?

a) Simone Höltermann
b) Limburger Postweg 73
c) 76645
d) Freisenberg

Lösung: d

95 Prägen Sie sich die folgenden Daten 30 Sekunden lang gut ein, und beantworten Sie dann die Frage auf Seite 196.

Veronika Schindler
Am Kreuztor 14
74692 Betzenhain
Tel. 0712–64512

➜

96 Prägen Sie sich die folgenden Namen und Berufe 30 Sekunden lang gut ein, und beantworten Sie die Frage auf Seite 196.

Rainer Gerling	Vertriebsleiter
Thomas Reichert	Lagerarbeiter
Fritz Höhnke	KFZ-Mechaniker
Heinrich Dettmer	Programmierer
Daniel Bork	Gärtner
Günther Kanther	Bauingenieur

97 Prägen Sie sich die folgenden Daten 30 Sekunden lang gut ein, und beantworten Sie dann die Frage auf Seite 196.

Name	*Geburtsdatum*
Martin Feldmann	23.05.1977
Katrin Schreiber	04.11.1985
Uwe Kötter	12.07.1966
Wolfgang Petersen	15.09.1958

98 Prägen Sie sich die folgenden Autokennzeichen 30 Sekunden lang gut ein, und beantworten Sie die Frage auf Seite 196.

MK – WR 628
HB – ST 45
OVP – MB 371
WI – D 8211

99 Prägen Sie sich die folgenden Daten 30 Sekunden lang gut ein, und beantworten Sie dann die Frage auf Seite 197.

Roland Sommer
Schulstr. 20

Martina Katzer
Am Markt 16

Lars Metzler
Lessingstr. 8

Sigrid Steinbach
Cranger Str. 42

100 Prägen Sie sich die folgenden Daten 30 Sekunden lang gut ein, und beantworten Sie dann die Frage auf Seite 197.

Maximilian Krieger
Tel. 0221–547238

Jutta Bodewig
Tel. 04331–2655

Ralf Mahler
Tel. 0346–63286

Melanie Schwarze
Tel. 0524–205201

Zu ❾❺: Welche Angabe ist richtig?
Zeit: 15 Sekunden
a) Veronika Schindel
b) Am Kreuztor 14
c) 72692 Betzenheim
d) Tel. 07 32–6 45 24

Zu ❾❻: Welche Zuordnung ist falsch?
Zeit: 15 Sekunden

a) Thomas Reichert	Vertriebsleiter
b) Daniel Bork	Gärtner
c) Fritz Höhnke	KFZ-Mechaniker
d) Heinrich Dettmer	Programmierer

Zu ❾❼: Wann ist Martin Feldmann geboren?
Zeit: 15 Sekunden
a) 12.07.1966
b) 23.05.1977
c) 04.11.1985
d) 15.09.1958

Zu ❾❽: Welches Kennzeichen ist richtig?
Zeit: 15 Sekunden
a) HB – ST 450
b) M – WR 628
c) WI – D 826
d) OVP – MB 371

Zu ⓽⓽: Welche Angabe ist richtig?
Zeit: 15 Sekunden

a) Lars Metzler Cranger Str. 10

b) Roland Sommer Schulstr. 31

c) Sigrid Steinbach Lessingstr. 8

d) Martina Katzer Am Markt 16

Zu ⑩⓪: Wie lautet die Telefonnummer von Ralf Mahler?
Zeit: 15 Sekunden

a) 0524–205201

b) 0346–63286

c) 0344–65201

d) 04331–2655

Antwortbogen IQ-Test (zum Kopieren nach Belieben)

Sprache

	Antwort	☒
1		
2		
3		
4		
5		
6		
7		
8		
9		
10		
11		
12		
13		
14		
15		
16		
17		
18		
19		
20		
21		
22		
23		
24		
Punkte		

Logik

	Antwort	☒
25		
26		
27		
28		
29		
30		
31		
32		
33		
34		
35		
36		
37		
38		
39		
40		
41		
42		
43		
44		
45		
46		
47		
48		
49		
50		
51		
52		
53		
54		
55		
56		
Punkte		

Rechnen

	Antwort	☒
57		
58		
59		
60		
61		
62		
63		
64		
65		
66		
67		
68		
69		
70		
71		
72		
Punkte		

Raumvorstellung

	Antwort	☒
73		
74		
75		
76		
77		
78		
79		
80		
81		
82		
83		
84		
85		
86		
87		
88		
Punkte		

Merken

	Antwort	☒
89		
90		
91		
92		
93		
94		
95		
96		
97		
98		
99		
100		
Punkte		

Auswertung

Vergleichen Sie Ihre Antworten mit der Lösungstabelle, und kennzeichnen Sie in der letzten Spalte jeder Gruppe die richtigen Lösungen. Für jede richtige Lösung gibt es einen Punkt. Zählen Sie alle Punkte jeder Gruppe und dann die Summen aller Gruppen zusammen. In der IQ-Tabelle auf den Seiten 202/203 finden Sie dann in Ihrer Altergruppe den IQ-Wert, der Ihrer Punktzahl entspricht.

Meine Gesamtpunktzahl ist ________
Dies entspricht einem IQ von ________

Lösungstabelle IQ-Test

Sprache

	Lösung
1	b
2	d
3	d
4	a
5	c
6	b
7	a
8	b
9	c
10	b
11	a
12	b
13	c
14	d
15	b
16	c
17	c
18	c
19	d
20	c
21	b
22	d
23	b
24	d

Logik

	Lösung	
25	d	
26	c	
27	c	
28	a	
29	b	
30	c	
31	d	
32	b	
33	b	
34	d	
35	b	
36	c	
37	c	
38	a	
39	c	
40	d	
41	c	
42	d	
43	d	
44	c	
45	b	
46	a	
47	b	
48	d	
49	23	(+ 2 + 4 + 2 + 4...)
50	18	(− 3 + 5 − 3 + 5...)
51	126	(+ 5 × 2 + 5 × 2...)
52	42	(+ 1 + 3 + 5 + 7...)
53	116	(− 2 × 2 − 2 × 3 − 2 × 4...)
54	78	(− 6 × 3 − 5 × 3 − 4 × 3...)
55	12	(− 4 × 4 + 4 : 4...)
56	119	(+ 2 − 3 × 4 + 5 − 6 × 7...)

Rechnen

	Lösung
57	53
58	64
59	51
60	99
61	71
62	8
63	58
64	20
65	14 Euro
66	16 Tage
67	120 km/h
68	17 Jahre
69	40 qm
70	15 000 Euro
71	70 Prozent
72	48 Stück

Raumvorstellung

	Lösung
73	c
74	a
75	b
76	d
77	b
78	d
79	b
80	c
81	b
82	a
83	d
84	b
85	c
86	b
87	a
88	c

Merken

	Lösung
89	a
90	c
91	b
92	d
93	b
94	c
95	b
96	a
97	b
98	d
99	d
100	b

IQ-Tabelle

IQ-Werte nach Altersgruppen

Punkte	*15 bis 19 Jahre*	*20 bis 35*	*36 bis 55*	*ab 56*
26	60	64	74	81
28	62	66	77	84
30	64	68	79	86
32	66	70	81	89
34	68	72	83	91
36	70	74	85	94
38	72	76	87	96
40	74	78	89	98
42	77	80	91	100
44	79	82	93	103
46	81	84	95	105
48	84	86	97	107
50	86	88	99	109
52	89	91	102	112
54	92	93	104	115
56	95	96	106	118
58	98	98	108	120
60	100	101	110	122
62	103	104	113	125

IQ-Werte nach Altersgruppen

Punkte	*15 bis 19 Jahre*	*20 bis 35*	*36 bis 55*	*ab 56*
64	106	107	116	128
66	109	110	119	131
68	112	113	122	134
70	115	116	125	137
72	118	119	128	140
74	121	122	131	143
76	124	125	133	145
78	127	128	136	147
80	129	130	138	149
82	132	133	141	151
84	135	135	143	153
86	137	137	146	155
88	140	140	148	157
90	142	142	150	159
92	145	145	152	160
94	148	148	154	160
96	151	151	156	160
98	153	153	158	160
100	155	155	160	160

Register